国家出版基金项目
NATIONAL PUBLICATION FOUNDATION

"互联网+"与文化发展研究系列丛书

游戏链接生活
动漫游戏的3.0时代

文化部"十三五"时期文化改革发展规划重大课题

陈娴颖 著

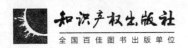

知识产权出版社

全国百佳图书出版单位

图书在版编目（CIP）数据

游戏链接生活：动漫游戏的3.0时代/陈娴颖著 .—北京：
知识产权出版社, 2016.7
（"互联网+"与文化发展研究系列丛书/范周主编）
ISBN 978-7-5130-4321-2

Ⅰ.①游… Ⅱ.①陈… Ⅲ.①漫画—电子游戏—研究
Ⅳ.① G899

中国版本图书馆 CIP 数据核字 (2015) 第 275170 号

内容提要

本书主要从动漫游戏产业发展大背景、动漫游戏历史变迁、互联网思维与游戏化思维的交融、3.0时代的动漫游戏产业链、动漫游戏业的新物种、动漫游戏的"泛娱乐"平台、动漫游戏业面临的变动、生活即游戏、游戏颠覆生活、怎么做：3.0时代的动漫游戏从业者等九章对"互联网+"时代背景下，动漫游戏产业的发展形态和方向进行阐述。

责任编辑：李婧　　　　　　　　　　　　　　　责任出版：刘译文

游戏链接生活：动漫游戏的3.0时代
YOUXI LIANJIE SHENGHUO : DONGMAN YOUXI DE 3.0SHIDAI

陈娴颖　著

出版发行：**知识产权出版社** 有限责任公司	网　址：http://www.ipph.cn
	http://www.laichushu.com
电　话：010-82004826	
社　址：北京市海淀区西外太平庄55号	邮　编：100081
责编电话：010-82000860转8594	责编邮箱：59299101@qq.com
发行电话：010-82000860转8101/8029	发行传真：010-82000893/82003279
印　刷：保定市中画美凯印刷有限公司	经　销：各大网上书店、新华书店及相关书店
开　本：720mm×1000mm　1/16	印　张：15
版　次：2016年7月第1版	印　次：2016年7月第1次印刷
字　数：250千字	定　价：45.00元

ISBN 978-7-5130-4321-2

前　言

　　"次元"即"维度"，是对 dimension 一词的另一种翻译。日本 ACG（动画 Animation、漫画 Comic、游戏 Game）作品中所指的"次元"，通常指作品当中的幻想世界及其各种要素的集合体，是一个规则和秩序与现实完全不同的世界。"二次元"原指二维的平面空间，但因早期的动画、漫画、游戏作品都是以二维图像构成的，随着这些载体的流行，其相关作品中表现的世界也被其爱好者称为"二次元世界"。因此，"二次元"现通常指 ACG 领域所在的平面世界，包括一系列平面的视觉产物。与之相对，"三次元"指的是我们所在的现实世界，现实的人物、事物。由现实世界的人物、事物所诞生的图像、影像作品，属于三次元，因此真人电影、电视剧、真人照片等不属于二次元。

　　动漫游戏产业就是围绕二次元展开的，以"IP"生产为核心，包括动漫书刊、动漫影视、动漫舞台剧、动漫音像制品、网络动漫、电子游戏软硬件等直接产品的研发、生产、出版、播出、演出和销售以及相关的玩具、服装、儿童用品、主题公园等衍生产品的生产和经营的产业。从产业链上的不同环节看，漫画、动画、游戏共同构筑整个动漫游戏产业链："IP"生产——发行动漫书刊——改编动画电影或电视剧——研发游戏软件——授权衍生产品。

　　而随着技术的进步、硬件的提升，CPU 处理速度不断加快，内存性能日益提高，网络带宽日益增加，视频设备高清化，虚拟现实技术和云计算技术的应用，使得动漫游戏跳脱出平面的现实，走向 2.5 次元。动漫游戏从传统以人和机器（主要指电视机、游戏机）或书刊的交互为中心，转向围绕人与人的交互为中心，并逐步加入人人创造文化的过程。

　　根据这三重交互的模型（如图 1 所示），"互联网 +"时代，动漫和游戏从二次元逐渐向三次元渗透，我们通过人与机器的交互，打通人与人的社交关系，并最终实现人人参与 IP 创造和文化再造的过程，从而使动漫游戏真正和我们的生活息息相关，联系日趋紧密。

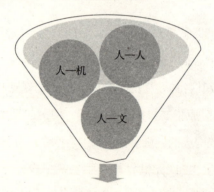

图 1　动漫游戏产业的三重交互模型

陈娴颖

2016 年 7 月

目录

第一章

动漫游戏产业发展大背景

在新的时代背景下，我国的动漫游戏产业得到国家层面的大力支持，从战略、政策、法规等方面全力推进动漫游戏产业的创新化、规范化发展。同时，产业内部也积极探索利用动漫 IP、互联网等新元素促进动漫游戏产业的转型升级。而新媒体技术、智能硬件、云计算等科学技术的发展在为动漫游戏产业的进步打下更好的基础的同时，也不断催生出动漫游戏领域的新业态。总之，动漫游戏产业在新的时代背景下，更加具有生长的能力、创新的活力和发展的动力。

在新的时代背景下，我国的动漫游戏产业得到国家层面的大力支持，从战略、政策、法规等方面全力推进动漫游戏产业的创新化、规范化发展。同时，产业内部也积极探索利用动漫 IP、互联网等新元素促进动漫游戏产业的转型升级。而新媒体技术、智能硬件、云计算等科学技术的发展在为动漫游戏产业的进步打下更好基础的同时，也不断催生出动漫游戏领域的新业态。总之，动漫游戏产业在新的时代背景下，更加具有生长的能力、创新的活力和发展的动力。

2014 年，我国动漫产业和游戏产业产值双双突破千亿元大关。动漫产业受益于转型升级所带来的质量和效益提升，保持强劲的发展态势，产量增速稳定、内容多样化、质量逐步提升，总值超过 1000 亿元，同比增长 14.84%。[1] 出现一批以奥飞动漫、华强动漫、腾讯动漫、中南卡通、炫动传播、淘米动画、央视动画为代表的，年产值超过 1 亿元的大型动漫企业。2015 年，动漫行业更是出现了一部现象级的动画电影《大圣归来》，电影上映 62 天，票房收入 9.56 亿元，[2] 并获得了金羊奖最佳动画电影奖，同时入围第三十届金鸡奖最佳美术片提名，极大提振了市场对国产动画电影的信心。2014 年，游戏市场（包括网络游戏市场、移动游戏市场、单机游戏市场等）销售收入达 1144.8 亿元人民币。[3] 动漫游戏产业在国家的重视与扶持下，在技术进步与产业升级的推动下，在居民文化消费的急剧增长下蓬勃发展，进入了新的黄金发展期。

1 前瞻产业研究院 . 我国动漫现状解析动漫产业已突破千亿大关［EB/OL］.(2015-10-7)［2015-12-7］. http://bg.qianzhan.com/report/detail/458/150930-6e2e94cd.html.
2 《大圣归来》收官票房达 9.56 亿回顾 62 天吸金路［EB/OL］.(2015-9-10)［2015-12-7］. hettp://www.1905.com/news/20150910/929613.shtml P1.
3 2014 年国家游戏产业报告：实际收入达 1144.8 亿人民币［EB/OL］.(2014-12-18)［2015-12-7］.http://biz.2659.com/data/192509.html.

第一节 动漫游戏产业战略地位逐步确立

党的十七届六中全会提出"文化强国"战略之后，党的十八大报告再次强调"扎实推进社会主义文化强国建设"。其中，针对如何"增强文化整体实力和竞争力"的问题，报告中特别指出，要"促进文化和科技融合，发展新型文化业态，提高文化产业规模化、集约化、专业化水平。构建和发展现代传播体系，提高传播能力。扩大文化领域对外开放，积极吸收借鉴国外优秀文化成果"。强调"发展新型文化业态"，无疑为动漫游戏未来发展指明了方向。作为"文化产业中最具活力和潜力的部分"，二次元与互联网的融合将在建设"文化强国"中担负重要的使命。

近年来国家出台的相关政策，为"互联网＋"时代下动漫游戏产业的发展、动漫游戏与互联网和科技的融合发展构建了一个良好的政策环境。

一、明确动漫游戏产业的战略定位

2000 年，在党的十一届五中全会上，动漫产业正式从行业领域确立为产业，国家先后出台了一系列发展规划，从战略上明确了动漫游戏产业的发展定位，提升了动漫游戏产业在国家整体经济中的地位，确保动漫产业的持续发展，加速了动漫产业的法制化和规范化进程。

　　2006 年，中共中央办公厅、国务院办公厅印发的《国家"十一五"时期文化发展规划纲要》里专门提出要着力发展数字内容和动漫产业，加快发展民族动漫产业，大幅度提高国产动漫产品的数量和质量，实施国产动漫振兴工程，并特别强调了"十一五"期间将加大省、市等各级政府在动漫产业中的引导扶持作用。2006 年 4 月 25 日，国务院办公厅转发财政部、教育部等十部委发布的《关于推动我国动漫产业发展的若干意见》，进一步把制定动漫产业支持政策提上国家的战略规划高度，提出"力争在 5 至 10 年内使中国动漫产业创作开发和生产能力跻身世界动漫大国和强国行列"的具体目标，并制定了详细的政策措施来促进动漫产业发展。2009 年 7 月，由国务院常务会议审议通过的《文化产业振兴计划》将动漫产业列为我国未来重点推动发展的文化产业之一，加大扶持力度，完善产业政策体系，并对日后我国动漫产业示范基地建成、动漫领域财税纳收和金融政策出台提供了政策引导与支持。2011 年公布的《国民经济和社会发展第十二个五年规划纲要》更是首次将动漫产业提升至国民经济和社会精神文化发展的高度，这表明大力发展动漫产业已然成为我国社会新一轮经济增长的重要支点。2012 年 7 月，文化部发布了《"十二五"时期国家动漫产业发展规划》，自此，动漫游戏产业上升到国家战略的层面。2016 年公布的《国民经济和社会发展第十三个五年规划纲要》规划纲要中再次明确指出要"加快发展网络视听、移动多媒体、数字出版、动漫游戏等新兴产业。"

二、鼓励文化与科技融合的发展方向

　　随着时代的进步，中央政府也意识到文化与科技融合是动漫游戏产业发展的未来方向，因此，近年出台的一系列意见和规划中，均反复强调要应用信息网络技术促进动漫游戏业发展。

2008 年 8 月 13 日，文化部发布了《文化部关于扶持我国动漫产业发展的若干意见》，并指出要抢抓机遇，充分利用数字、网络等核心技术和现代生产方式，改造传统的影视动漫生产和传播模式，培育新兴影视动漫业态，使我国尽快跻身影视动漫强国。2011 年 12 月，国务院办公厅发布《国务院办公厅关于加快发展高技术服务业的指导意见》（以下简称《意见》）。该《意见》提出，促进数字内容和信息网络技术融合创新，拓展数字影音、数字动漫、健康游戏、网络文学、数字学习等服务，大力推动数字虚拟等技术在生产经营领域的应用。2012 年 9 月，文化部发布的《文化部"十二五"文化科技发展规划》就提出，要加快发展文化装备制造业，以先进技术支撑文化装备、软件、系统研制和自主发展。提高演艺业、娱乐业、动漫业、游戏业、文化旅游业、艺术品业、工艺美术业、文化会展业、创意设计业、网络文化业、数字文化服务业等重点产业的技术装备水平与系统软件国产化水平。2013 年，《国务院关于促进信息消费扩大内需的若干意见》，在培育信息消费需求中明确提出促进动漫游戏、数字音乐、网络艺术品等数字文化内容的消费。2014 年 2 月 26 日，国务院发布的《关于推进文化创意和设计服务与相关产业融合发展的若干意见》（以下简称《意见》）中提出加快数字内容产业发展，深入挖掘优秀文化资源，推动动漫游戏等产业优化升级，打造民族品牌。该《意见》要求，大力推动传统文化单位发展互联网新媒体，推动传统媒体和新兴媒体融合发展，提升先进文化互联网传播吸引力。深入挖掘优秀文化资源，推动动漫游戏等产业优化升级，打造民族品牌。推动动漫游戏与虚拟仿真技术在设计、制造等领域的集成应用。可以说"互联网 +"动漫游戏已经成为国家战略鼓励发展的方向。

三、鼓励动漫游戏精品化与原创化

从宏观调控上讲，上述政策明确了国家发展民族动漫游戏产业的政策指向，鼓励动漫游戏的精品化、原创化发展，强调规范和培育动漫游戏产业的市场。

从 2004 年开始,国家发展民族动漫产业的政策导向日益明朗,并规定了国产动漫游戏作品的播出比例、播出时间、题材规划等。2004 年 2 月发布的《关于进一步加强和改进未成年人思想道德建设的若干意见》中明确提出要积极扶持国产动画片的创作、拍摄、制作和播出,逐步形成具有民族特色、适合未成年人特点、展示中华民族优良传统的动画片系列。同年 4 月,国家广播电影电视总局出台的《关于发展中国影视动画产业的若干意见》中规定:国内每个电视台每天必须播出 10 分钟以上的动画片(省台要求 30 分钟以上),其中 60% 必须是国产。2006 年 4 月,《国务院办公厅转发财政部等部门关于推动我国动漫产业发展若干意见的通知》中要求加强动漫产业知识产权保护;加强对动漫运营市场的监管,严厉打击各种走私、侵权和盗版动漫产品的行为;加强对引进动漫产品的审查,确保动漫产品内容积极健康。2008 年 8 月 13 日,文化部发布了《关于扶持我国动漫产业发展的若干意见》,其中指出:当前我国影视动漫产业发展的当务之急,就是加强创作、培育精品,通过实施国产影视动漫振兴工程,评选国家原创影视动漫大奖、扶持原创影视动漫作品、扶持原创影视动漫创作人才、推广原创影视动漫作品,重点支持原创产品的创作生产,打造拥有自主知识产权的影视动漫形象和动漫品牌,大幅度提高我国原创动漫产品的数量和质量,通过专项资金来扶持优秀国产原创影视动漫作品和作者,并通过宣传、推广,扩大我国原创动漫在整个社会尤其是在青少年中的影响。[1]

同时,国家逐步提高对动漫游戏产业的要求,开始逐步重视原创,打造精品。2005 年 1 月,国家广播电影电视总局开始推进国产动画片精品工程。而在 2012 年的《"十二五"时期国家动漫产业发展规划》里也提出鼓励原创作品、重点打造精品。

---

1 《文化部关于扶持我国动漫产业发展的若干意见》解读［EB/OL］.(2008-10-15)［2015-10-25］.http : // zwgk.mcprc.gov.cn/auto255/200810/t20081015_13030.html.

四、制定实施动漫游戏产业激励政策

从具体举措上讲，这些政策中有大量行之有效的优惠政策，激励动漫企业的生产积极性。

2006 年 4 月，《国务院办公厅转发财政部等部门关于推动我国动漫产业发展若干意见的通知》中提出了推动中国动漫产业发展的系列政策与措施，如将动漫中小企业纳入"科技型中小企业技术创新基金"资助范围，享受国家鼓励软件产业发展的有关增值税、所得税的优惠政策。动漫企业自主开发、生产动漫产品涉及营业税的（除广告业、娱乐业外），暂减按 3% 的税率征收营业税。经国务院有关部门认定的动漫企业自主开发、生产的动漫直接产品，确需进口的商品可享受免征进口关税及进口环节增值税的优惠政策。同时，企业出口动漫产品享受国家统一规定的出口退（免）税政策。企业出口动漫版权可适当予以奖励。2006 年 7 月，为切实加强对我国动漫产业发展工作的领导，推动动漫产业又快又好地发展，经国务院同意，建立扶持动漫产业发展部际联席会议制度。2009 年 7 月，财政部、国家税务总局颁布《关于扶持动漫产业发展有关税收政策问题的通知》，明确了对经审查合格的动漫企业在企业所得税、增值税、进口关税、营业税、进口环节增值税等税务上的优惠政策。

这些国家政策的出台，与原有的财政税收优惠政策形成了完善的扶持产业发展政策体系，为动漫游戏产业长期稳健发展提供了制度保障。

第二节　动漫游戏产业各门类全面升级

"动漫知识产权"（动漫 IP）和"互联网＋"正成为中国动漫游戏产业换挡升级的核心助力，推动动漫游戏产业开始向全年龄段发展，并日益与网络文学、影视剧、衍生产品等紧密联系在一起；手机动漫和手机游戏持续爆发，网络版权运营平台逐步通过探索产业链上下游关系，来推动动漫游戏产业的全面升级。

一、动漫游戏产业全面升级

动漫游戏产业全面升级主要表现在以下几方面。

首先，动漫游戏消费者从儿童升级为全民大众。在中国传统观念里的动漫游戏只属于少年儿童，但是按照日本和欧美等发达国家的经验，面向成年人的动漫和游戏拥有广阔的市场。动漫游戏已经成为这些国家大众生活的组成部分。清华大学教授熊澄宇就认为漫画是动画的基础，动画是游戏的基础，三者各自与技术相融合起来最终会影响、改变各个年龄段人的休闲娱乐方式。天津神界漫画有限公司董事长陈维东也表示，动漫作品的价值观会逐渐融入主流社会。文化部产业司从 2009 年开始推进"大动漫产业观"，起初人们误以为是"发展动漫衍生产业"，其实核心内容是把动漫精神产品与民生、经济挂钩，推动面向全年龄段的动漫游戏业发展。

其次，动漫游戏的内容，尤其是动漫的内容从童话转向为现实生活。既然面向全年龄段受众，动漫作品的内容也日益贴近当下现实生活主题，例如金鹰卡通在真人秀《爸爸去哪儿》走红后，立即推出同名动画片，采取周制周播的方式，采纳观众互动后的建议，保证动画片水准，受到了欢迎。湖南金鹰卡通从全国卫视排名第三十位跃升为第四位，就是靠"动画形象植入综艺"拓展了观众和内容。今日动画总经理张天晓提出了一个值得深思的观点："在中国已经成为世界第二大经济体、智能手机用户全球第一、新媒体发展与国际同步的背景下，应该站在国际高度发展动漫——核心就是具备国际视野和价值观的内容创造。"迪士尼之所以成为品牌，是因为家长让孩子看了放心。而国产动漫两大品牌："喜羊羊"和"熊出没"，却因含有不符合儿童观看的暴力元素，对孩子的行为造成了一定不良影响。

最后，动漫游戏产业的盈利从产品升格为产业拓展。近年来全球动漫产业产值已经超过 3000 亿美元，动漫衍生产品的产出达到 6000 亿美元以上。而《2014 年中国游戏产业报告》中显示，中国游戏市场 (包括网络游戏市场、移动游戏市场、单机游戏市场等) 实际销售收入达到 1144.8 亿元 (Newzoo 统计的 2014 年中国游戏收入为 17,866,677,000 美元)，比 2013 年增长了 37.7% (如图 1-1 所示)。其中，中国移动游戏用户数量约 3.58 亿人，同比增长 15.5%，移动游戏市场实际销售收入 125.2 亿元，同比增长 394.9%。[1]

以上这些数据，充分透露出中国动漫游戏产业的快速增长态势。随着经济、文化、科技、数字媒体等方面的发展，动漫游戏产业的产业链也更为丰富，盈利点也更加多样。

---

1 中国音数协游戏工委、CNG 中新游戏研究（伽马数据）.2014 年中国游戏产业报告 [EB/OL].(2014-12-18)[2015-12-15].

图1-1　2008—2014年中国游戏市场实际销售收入与增长率

资料来源：GPC IDC and CNG

二、手游行业持续爆发

移动互联网的发展更是让随时随地上网成为可能。长时间的上网行为也改变了我们的文化消费习惯，许多人已经习惯在网上看漫画、动画，玩游戏。近两年来，手游行业持续爆发般发展。手机游戏成为年轻人打发碎片式的闲暇时间的首选（如图1-2所示），根据TalkingData正式发布的《2014移动互联网数据报告》显示，移动互联网用户日均使用游戏的应用达291秒，在所有移动应用时长中排在首位。

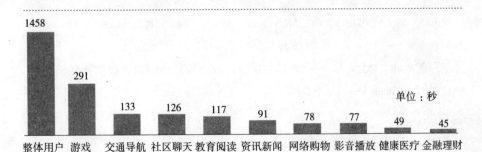

图1-2　移动智能端用户日均使用时长对比

资料来源：TalkingData数据中心

同时，《2014 移动互联网数据报告》中指出，2014 年用户量增幅最高的两款应用是两款移动游戏：消灭星星与开心消消乐（如表 1-1 所示）。

表 1-1　2014 年 1 月和 12 月用户量上升 TOP20 的应用

排名	应用名称	覆盖量	覆盖量增幅	排名	应用名称	覆盖量	覆盖量增幅
1	PopStar! 消灭星星		5404.7%	11	360 免费 Wi-Fi		387.9%
2	开心消消乐		3925.9%	12	美团团购		363.0%
3	360 清理大师		1779.8%	13	Wi-Fi 万能钥匙		342.5%
4	唯品会		1462.7%	14	滴滴打车		325.5%
5	喜马拉雅听书		1240.1%	15	58 同城		300.6%
6	快手		1219.6%	16	一键 root 授权管理		289.0%
7	讯飞语音 +		1190.2%	17	土豆视频		280.2%
8	蜻蜓 FM		977.5%	18	应用宝		268.5%
9	聚美优品		802.8%	19	今日头条		253.2%
10	腾讯视频		516.8%	20	茄子快传		245.9%

■ 12 月　■ 1 月

资料来源：TalkingData 数据中心

（注：以上为 2014 年 12 月安卓平台应用排名。应用上线时间差晚于 1 月，则以上线第一个月数据为基准值）

同时，2014 年手游用户覆盖面大幅提升，从年初的 3.2 亿台，扩展到年底的 10.4 亿台，翻了 3 倍多（如图 1-3 所示）。

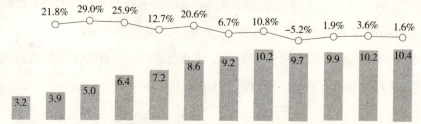

图 1-3　2014 年 1—12 月移动游戏行业智能终端用户规模及增长率

资料来源：TalkingData 数据中心

三、动画电影逐步崛起

自从 2014 年的《熊出没之夺宝熊兵》和续集《熊出没之雪岭熊风》，

分别获得 2.47 亿和 2.95 亿元的票房收入后[1]，2015 年的《西游记之大圣归来》接近 10 亿的票房，[2]刷新了中国国产动画电影的票房记录，让中国动画电影再次成为热门话题。中国动画产业开始围绕创造世界级的超级 IP，以动画电影为重心，加大投资力度。例如：万达投资 90 亿美元用于建设电影工作室和主题乐园；土豆网创始人王微创办追光动画；各种中小型的动画工作室都开始积极推出动画电影。可以说长期来受制于日本和美国的中国动画产业开始发生剧变。

同时，中国动画产业开始的跨国合作，也聚焦于动画电影的制作。比如梦工厂动画和华人文化产业投资基金等创办的合资企业东方梦工厂，便在 2016 年年初推出第一部合作作品《功夫熊猫 3》。追光动画、米粒影业、原力动画、啊哈娱乐等公司也开始一起创造原创内容、合作投资项目、聘用海外人才。中国动画产业从动画电影开始走向国际，正逐步崛起。

四、动漫衍生品渠道拓展

根据《2014 年度中国动漫产业发展报告》可知，近年来中国动漫衍生品市场规模逐年增加，在 2014 年达到 316 亿元左右（如图 1-4 所示）。动漫衍生品以动漫玩具、动漫服装和动漫出版物为主，其中动漫玩具占比最高，其市场规模达到我国动漫衍生品整体市场的一半以上，动漫服装和动漫出版则分别占 16% 和 4%（如图 1-5 所示）。[3]

---

1 《熊出没》2.5 亿破国产动画电影票房纪录［EB/OL］.(2015-2-16)［2015-12-8］. http：//ent.sina.cn/m/c/2015-02-16/16314291227.shtml.

2 《西游记之大圣归来》荣登 2015 年国内动漫电影冠军［EB/OL］.(2015-7-23)［2015-12-8］. http：//www.askci.com/news/ent/2015/07/23/9350jux8.shtml.

3 王钰皎，辛晓彤，杨威.内容生产多元见成效，新媒体助力铸就品牌——2014 年度中国动漫产业发展报告［EB/OL］.(2015-3-13)［2015-12-8］. http：//media.people.com.cn/n/2015/0313/c394672-26688504.html.

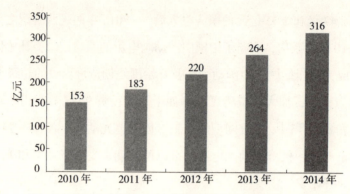

图 1-4　2010—2014 年中国动漫衍生品规模增长情况

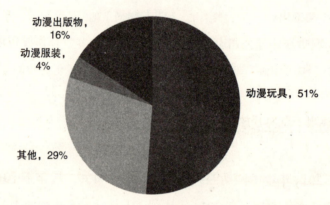

图 1-5　2010—2014 年中国动漫衍生品细分市场份额示意图

可以说，动漫授权市场的大幅提升标志着动漫衍生品渠道的逐步拓展。根据尼尔森统计，2014 年最热销的十大玩具几乎全部是影视动漫作品授权衍生品。喜羊羊与灰太狼、熊出没、巴啦啦小魔仙、猪猪侠等国内热门动漫形象受到各类动漫衍生品厂商的欢迎。

五、消费市场日益扩张

如今的文化消费需求呈现的是井喷式的增长，消费者对于文化产品的种类、形式的多样性有了更多的要求。低幼化的动漫无法满足消费需求，游戏也并不是不务正业的代表，这些认知为在互联网上百花齐放的动漫游戏消费提供了思想的土壤。

动漫游戏消费群体升级，正版消费群体扩大。20 世纪 80 年代的孩子们，普遍受到 20 世纪 90 年代末日本动漫的影响，多数是动漫游戏迷，尤其是发达地区的"80 后""90 后"，较早接触网络，较早接触多元化的动漫文化：漫画、动画、音乐、影视，受日本动漫影响投身动漫游戏产业的不在少数。现在"80 后""90 后"已经进入社会，有一定的经济基础。尤其是"90 后"，动漫游戏成为他们日常生活中密不可分的一部分。这些较早接触网络文化和动漫游戏文化的人群，家境都较为富裕，消费能力超出平常孩子。而基于网络免费的盗版消费群体，也随着年龄的增长，逐步会成为正版消费群体。这些都逐步提高了我国动漫游戏正版作品的消费能力。

同时，随着二胎政策的开放，动漫游戏市场潜力无限。据华泰证券和方正证券预测，全面开放二胎政策实施后，预计每年将有可能新增新生儿 100 万—200 万人，2018 年新生儿有望超 2000 万人。其所蕴含的消费红利大约在每年 1200 亿—1600 亿元。[1] 额外增加的低龄段人口将成为推动国内低龄市场黄金机遇期到来的重要助力。新生儿的大量增加将在短期内刺激胎教、早教、幼儿教育需求，并在中长期带来 K12[2]、幼儿读物、教材、动漫游戏行业消费增长。受益行业中首推幼儿教育和动漫行业。[3]

1　2016 年全面放开二胎最新消息：二胎对股市有什么影响［EB/OL］.(2015-10-30)［2015-12-11］. http：//roll.sohu.com/20151030/n424739982.shtml.

2　K12 或 K-12，是 Kinder garten through twelfth grade 的简写，是指从幼儿园 (Kinder garten，通常 5—6 岁) 到十二年级 (grade 12，通常 17—18 岁)，这两个年级是美国、澳大利亚及 English Canada 的免费教育头尾的两个年级，此外也可用作对基础教育阶段的统称。

3　全面放开二胎政策点评：低龄消费市场迎黄金机遇期，盘点传媒行业受益标的［EB/OL］.(2015-10-30)［2015-12-12］. http：//finance.qq.com/a/20151030/050117.htm.

第三节　动漫游戏产业支持技术高速发展

随着技术的发展，动漫游戏业逐渐从单纯的平面空间，逐渐立体化。新媒体技术发展和智能硬件的升级，为动漫游戏的未来发展拓展了极大的想象空间。新媒体技术是依托数字技术、网络技术、移动通信技术、GIS技术、遥感技术等新技术而形成的新的传媒技术。按照信息传播过程分为信息采集与识别技术、存储技术、处理技术、传输技术、呈现技术，基本与动漫游戏业中的资源采集与识别技术、创作技术、生产技术、传播技术、消费技术相对应。信息传输技术的进步将推动互联网与动漫游戏深度融合，虚拟现实技术的出现直接将动漫游戏推进到下一个发展阶段，实现人机交互游戏形式。在硬件方面，智能终端设备的升级换代，主要包括：手机、平板、手表、电视的升级换代，这让动漫游戏存在的媒介更加广泛，形式更加多样。动漫游戏与其进行的深度合作将创造巨大的产值。

从物理形态到数字产品形态，这就使得动漫内容产品的边际生产成本大大降低，原本的生产复制（印刷）、仓储、物流运输等业务流程实现了数字化，影视节目可通过卫星、光纤网络进行流量传输，其边际复制和传播成本渐趋于零。此外，动漫还成为国内视频网站和阅读网站的重要板块，产生了在线漫画网站、垂直动画视频网站以及为数众多的 App 应用。

一、新媒体技术的进步

（一）信息识别技术带来新的人机交互模式

信息识别技术带来的是对游戏玩家更为便利、更加高级的身份识别，甚至更为便捷的操作模式。

例如：二维码技术。二维条码有一维条码没有的"定位点"和"容错机制"。容错机制在即使没有辨识到全部的条码或是说条码有污损时，也可以正确地还原条码上的资讯，可以为用户提供"唯一数据样本"的物品、人员、组织二维码识别信息。这为大家获取动漫游戏信息提供了一个便捷渠道。再如：指纹识别技术和人脸识别技术。指纹识别技术通过比较他的指纹和预先保存的指纹进行比较，可以验证一个人的真实身份。人脸识别技术特指利用分析比较人脸视觉特征信息进行身份鉴别的计算机技术，它属于生物特征识别技术，是对生物体（一般特指人）本身的生物特征来区分生物体个体。人脸识别与指纹识别一样，都是计算机识别个人具体特征的重要沟通工具。人脸识别技术在文化艺术领域的广泛应用，将更加有助于人机联系和互动。

语音识别技术已经可以识别一个人说话的内容，还能更准确地捕捉到他的声音特征，这意味着人机之间的交互可以开始用声音来交流，文化数字化从文字走向语言，人与游戏间的交流渠道又多了一个。

视频识别技术是通过对视频画面进行识别、检测、分析，滤除干扰，对视频画面中的异常情况做目标和轨迹标记，这都是基于图形和动作比较的逻辑判断技术。这为未来动漫游戏的发展又提供了一个新式的交互应用，在未来的游戏中，我们可以通过摄像头对自己身体某些部位的拍摄，就可以得到自动匹配道具后的效果图，并可以在360度的任意范围察看佩戴效果。

脑电波识别技术则是一项电脑直接理解人脑思维的通讯技术。人类的思维意识直接被电脑理解，电脑将指令翻译为信息或转换为机器的行为动作。这意味着未来人机交流或许不再需要语言或文字。

综上所述，这些技术的进步为动漫游戏与人们的交互提供了更多新的交互方式，为未来动漫游戏业的发展打开了新的一扇门，呈现出无限可能性。

（二）信息传输技术加速动漫游戏人人交互

更快速度、更便捷、更通畅的信息传输技术，使得动漫内容和游戏的传播渠道日益网络化，同时加速了动漫游戏产业向互联网、移动互联网和物联网等媒体迁移。传统的传输模式，已经被"数字内容＋无线网络传输＋多终端互动"的模式取代，这又将进一步拓展我们玩游戏、看动漫的交互空间。

例如 4G 这一第四代移动通信技术，使得无线用户能够以 100Mbps[1] 的速度下载，以 50Mbps 的速度上传，几乎能够满足所有用户对于无线服务的要求。同时，4G 可以覆盖没有 DSL（数字用户线路）和有线电视调制解调器的地方，这让我们可以随时随地通过移动网络，通过手机或其他移动设备观看动漫视频，阅读动画作品或者和朋友互动玩游戏。摆脱了带宽的现实，移动终端可以为动漫游戏应用提供更广阔的展示空间。

近距离通信技术的发展，如可以在移动设备、消费类电子产品、PC 和智能控件工具间进行 NFC（近距离无线通信技术），通过 Wi-Fi 信号来实现电脑和显示设备的 WIDI（无线高清传输技术），将音视频信号从信号源（电脑或高清播放设备）无线传输到远端 HDTV 或高清投影机上的无线音视频传输技术。这些技术的出现都为"机—机""人—机"的信息互联互通提供了可能，这意味着电脑与人、电脑与电脑、电脑与其他便携式设备之间的通讯日益通畅。这使动漫游戏的传输在家庭的局域网范围内更加便捷，可以实现手机和便携式设备和电脑以及显示设备间的交互，实现随时随地、无处不在的文化传播和文化交流。

1　Mbps＝Mbit/s 即兆比特每秒。Million bits per second 的缩写，传输速率是指设备的数据交换能力，也叫"带宽"，单位是 Mbps(兆位 / 秒)。

（三）信息呈现技术拓展动漫游戏新展现

立体打印技术，3D 打印技术和 4D 打印技术的出现，再一次拓展了"二次元"的呈现形态，逐渐从平面走向立体。最初的 3D 技术只是将粉末状金属或塑料等可黏合材料，通过逐层打印的方式来构造原先计算机设定的模型。现在 3D 打印技术能更多地实现味觉、触觉、色彩等多维信息的输出，这也意味着 3D 打印机能呈现层次更为丰富的"二次元"世界。所谓 4D 打印的概念，则比 3D 打印多了一个时间的维度，人们可以通过软件设定模型和时间，变形材料会在设定的时间内变形为所需的形状。时间维度的增加，使得 4D 打印不再是传统打印机的概念，这是对材料的数字化处理，是对物品多维信息的连续输出，这个概念意味着未来的动漫或游戏，将可以在立体的空间动态的呈现。

无论是可移动物还是不可移动物，也无论是平面物还是立体物，或者多面空间，基于数字采集技术和要素分离技术的立体合成技术，也可以将多种方式应用在动漫游戏中。例如通过照片合成平台，可以合成数字照片，使不可移动物体建模。例如中科院自动化所、水晶石公司都已研发出这种照片合成平台。还有地理信息系统中的街景重现技术，能在地理信息的立体影像中合成街区实景，为未来的游戏提供更为正式的地图。

而裸眼 3D 显示技术的出现，则可以让观看者无须佩戴 3D 眼镜即可看到假象 3D 影像。这种深度显示技术不仅从根本上改变了传统视觉信息的单维度定性信息，转变为"定性信息 + 定量信息"的视觉科学信息，而且，使得影像合成因为电脑的参与，转变为实时的多结果多效果影像产品。

未来，这些信息呈现技术的应用，对动漫游戏而言将产生无法想象的革命性变化。同时，基于仿真技术、3D 打印技术和虚拟现实技术的空间再现技术，可以通过数字化量化采集音视频技术，向使用者提供视觉、听觉、味觉等信息，准确真实地观察感受三度空间内的事物，这种数字人物，数字场景的出现，将使动漫游戏实现真虚一体化互动，推动动漫游戏发展进入到一个新的虚拟空间阶段。

二、智能硬件的升级

3D 眼镜、游戏手柄、Xbox[1] 等休闲娱乐设备的创新使动漫游戏的体验更加完美，甚至会带来娱乐设备消费的新高潮，主要表现在以下几方面：①智能终端设备的发展；②视频设备显示设备的更新；③基础硬件设施包括基础设施、计算机 CPU、内存等硬件的进步。

（一）基于智能技术的视频设备创新

新媒体技术的发展推动了视频设备的创新与发展，例如：智能电视、高清互动电视、电视盒子、电视棒、裸眼 3D 手机等设备的研发。如谷歌、百度、阿里巴巴、爱奇艺等互联网公司、视频网站开始进入传统的电视制造业，在三网融合的大趋势下，试图抢占电视终端。

智能电视，是具有全开放性的平台，搭载了操作系统，顾客在欣赏普通电视内容的同时，可自行安装和卸载各类应用软件，持续对功能进行扩充和升级的新电视产品。智能电视能够不断给顾客带来丰富的个性化体验。例如：2013 年 9 月，阿里巴巴正式发布阿里智能电视操作系统，联合华数传媒推出搭载该操作系统的第一代盒子产品。[2]

电视盒子是一个小型的计算终端设备，只要简单地通过 HDMI 或色差线等技术将其与传统电视连接，就能在传统电视上实现网页浏览、网络视频播放、应用程序安装，甚至能将手机、平板中的照片和视频投射到家中的大屏幕电视当中。它可以将互联网内容在电视机上进行播放，此前在互联网领域

---

1 Xbox，是由美国微软公司开发并于 2001 年发售的一款家用电视游戏机。
2 崔西. 阿里 TV 操作系统发布盒子产品 9 月出售［EB/OL］.(2013-7-23)［2015-10-24］.
http：//news.xinhuanet.com/info/2013-07/23/c_132566685.htm.

被称为网络高清播放机，后被国家广播电影电视总局定义为互联网电视机顶盒。它与可接入互联网的智能电视一起，统称为"互联网电视"。目前，百度将推出一款名为"百度影棒"的硬件产品，这是一款发烧友级硬件配置的互联网电视高清播放设备，用户可通过百度影棒将手机、iPhone、iPad、电脑上的网络视频、本地视频无线投射到电视上免费观看。

电视棒是运用全球领先的 IPTV（交互式网络电视）技术研发的视频应用产品，基于 Microsoft Windows 系统设计开发；电视棒的信号来自服务器，通过网络传输到电脑接收端。电视棒自带软件在内存中运行，限定了存储介质的读写，这样能避免感染病毒。在 2013 年 7 月 26 日举行的新产品发布会上，谷歌发布全新连接设备 Chromecast。该设备运行简化版 Chrome 操作系统，可以插在电视 HDMI（高清晰度多媒体接口）接口上。在同一 Wi-Fi 环境下，用户通过 Chromecast 能将手机或平板上播放的 You tube[1] 视频推送到电视上。用户可以通过设备上的"Cast"功能键将视频推送到电视上，并可远程控制音量、播放、暂停等功能。谷歌在会上表示：插上 Chromecast 后，用户在设备上打开 YouTube，就可以直接在界面上看到"Cast"键。点击该键后，Chromecast 就能在云端获取用户希望播放的视频信息，并在电视上播放视频。

互联网电视是一种利用宽带有线电视网，集互联网、多媒体、通信等多种技术于一体，向家庭互联网电视用户提供包括数字电视在内的多种交互式服务的崭新技术。用户在家中可以有两种方式享受 IPTV 服务：①计算机。②网络机顶盒普通电视机。IPTV 是利用计算机或机顶盒电视完成接收视频点播节目、视频广播及网上冲浪等功能。它采用高效的视频压缩技术，使视频流传输带宽在 800Kb/s 时可以有接近 DVD 的收视效果（通常 DVD 的视频流传输带宽需要 3Mb/s），对今后开展视频类业务如因特网上视频直播、节目源制作等来讲，有很强的优势，是一个全新的技术概念。例如：TCL 与爱

1　YouTube 是世界上最大的视频网站。

奇艺共同发布了"TCL爱奇艺电视——TV+"。爱奇艺创始人、CEO龚宇表示，目前视频用户的观看习惯，正在从 PC 端、移动端向电视屏转移，传统电视行业也面临着客厅的娱乐化转型，电视将逐渐成为家庭娱乐中心。

（二）基于云计算技术的服务创新

新媒体技术的发展推动了云计算技术的完善，使免费或成本低廉的公有云服务成为可能，也使得高速的云同步和移动云服务成为可能，也推动了云游戏和教育云服务的实现。

公有云通常指第三方提供商为用户提供的能够使用的云，公有云一般可通过互联网使用，可能是免费或成本低廉的。这种云有许多实例，可在当今整个开放的公有网络中提供服务，例如百度云。

云 U 盘是指一个构建在高速分布式存储网络上的数据中心，它将网络中大量不同类型的存储设备通过应用软件集合起来协同工作，形成一个安全的数据存储和访问的系统，适用于各大中小型企业与个人用户的数据资料存储、备份、归档等一系列需求。其代表产品云秘盘最大优势在于将存储产品转换为存储服务，如 360 的随身 Wi-Fi。

云同步是指在云平台上，云设备与服务器之间的数据同步，或者以个人为中心的不同设备之间数据共享基于云计算。谷歌即将发布的升级版 Google Play[1] 将提高安卓平台上游戏的社交性，支持多玩家和云同步功能。Android Police 的评估文档显示，谷歌即将发布的 Google Play 升级包将提高安卓平台上游戏的社交性。[2] 预览版 APK(Android 安装包) 显示，Google Play 服务支持多玩家、排行榜和云同步功能。

把虚拟化技术应用于手机和平板，适用于移动 3G 设备终端（平板或

1　Google play，前名为 Android Market，是一个由 Google 为 Angroid 设备开发的在线应用程序商店。
2　林靖东.谷歌拟发布 Google Play Games 平台服务［EB/OL］.(2013-5-13)［2015-11-28］. http://tech.qq.com/a/20130513/000005.htm.

手机）使用企业应用系统资源，它是云计算移动虚拟化中非常重要的一部分，简称移动云。新浪移动云引入 AppCan[1] 中间件，成为国内第一个完整覆盖 HTML5 移动应用开发、部署、调试和打包的应用流水线。新浪移动云是在 Sina App Engine[2] 基础上的子平台，专注于为移动设备同时提供云＋端的能力，之前对 PhoneGap[3] 中间件的在线打包和实时调试等特色功能得到开发者的一致好评。此次引入 AppCan 中间件，不但为国内的开发者提供了更多的选择，更是为烦恼于 HTML5 游戏在 PhoneGap 上运行较慢的开发者提供了解决方案。

云游戏是以云计算为基础的游戏方式，在云游戏的运行模式下，所有游戏都在服务器端运行，并将渲染完毕后的游戏画面压缩后，通过网络传送给用户。在客户端，用户的游戏设备不需要任何高端处理器和显卡，只需要基本的视频解压能力就可以了。

教育云是云计算在教育领域中的迁移，是未来教育信息化的基础架构，包括了教育信息化所必需的一切硬件计算资源，这些资源经虚拟化之后，向教育机构、教育从业人员和学员提供一个良好的平台，该平台的作用就是为教育领域提供云服务。教育云包括"云计算辅助教学"（Cloud Computing Assisted Instructions，CCAI）和云计算辅助教育（Clouds Computing Based Education,CCBE）多种形式。

1　正益无线自主研发的移动应用开发平台 App Can，支持跨平台应用开发，提供移动应用管理与运行控制云服务，实现对移动应用全生命周期（Full Life Cycle）的支持和管理。

2　Sina App Engine（简称 SAE）是新浪研发中心于 2009 年上旬开始内容研发，并在 2009 年 11 月 3 日正式推出第一个 Alpha 版本的国内首个公有云计算平台，SAE 是新浪云计算（简称浪云）战略的核心组成部分。

3　PhoneGap 是一个用基于 HTML，CSS 和 JaraScript 的创建移动跨平台应用程度的快速开发平台。

第二章

动漫游戏的历史变迁

　　从最原始骰子、抓子儿、球等简单游戏到如今VR沉浸式体验游戏，从最初的笔绘到如今的三维立体影像，动漫游戏经历了三到四次不同的历史发展阶段，如今已经发生了翻天覆地的变化，这不仅仅是动漫游戏展现形式的变化，还带来动漫游戏制作方式、营销方式、消费方式甚至我们生活方式的转变。尤其是在互联网大发展的新时代，动漫游戏以更加多元的方式渗透进我们的生活，影响着我们的生活。

从最原始的骰子、抓子儿、球等简单游戏到如今 VR 沉浸式体验游戏，从最初的笔绘到如今的三维立体影像，动漫游戏在经历了三次到四次不同的历史发展阶段，如今已经发生了翻天覆地的变化，这不仅仅是动漫游戏展现形式的变化，还带来动漫游戏制作方式、营销方式、消费方式甚至我们生活方式的转变。尤其是在互联网大发展的新时代，动漫游戏以更加多元的方式渗透进我们的生活，影响着我们的生活。

3000 多年前，西罗多德就在《历史》中提到了吕底亚地区的人民在饥荒时期采用了游戏的方法来对抗饥饿。他们第一天用玩游戏来对抗饥饿，另外一天用吃东西来克制玩游戏，用这种做法熬过 18 年的饥荒期。其间，他们发明了骰子、抓子儿、球以及其他所有常见游戏。在这一阶段，游戏对于人们的意义是为了生存，游戏让生活变得可以忍受。后来，游戏逐渐地让生活变为有趣的工具，让大家有共同交流的话题，促使人们建立更强的联系。未来，游戏能为人们提供与现实平行的另一重空间，成为人们实现另一部分自我的更好的虚拟空间。人人都将参与到游戏中来，而人人也都可以开发和设计游戏。游戏也可以协助解决现实的问题，改善现实的困境。

有人认为游戏和动漫是最为"纯种"的互联网产业。但实际上，在互联网出现之前，游戏和动漫就已经出现了。而游戏和互联网、动漫和互联网激发出来的是让人诧异的"变化"。最原始古老的游戏是人们通过设定相应的活动规则来集合一些人以竞争的方式来完成一个目标。漫画刚开始出现的时候也是由人们绘画延伸而来。对于一些人来说，玩游戏或者是画漫画都是人们集体活动的一种存在。但是，伴随着互联网的出现，游戏不仅仅单纯指人们生活中的集体活动了，更多成为了网络上一段代码组成的休闲方式。人们的身体不再参与到游戏之中，但人们的大脑和手指成为游戏的主要参与者并在参与的过程中获得快感。而漫画在与电视、电影接触之后从原来的平面变成了立体形象。这个时候动漫这个词才真正建立起来。再与互联网进一步接触之后，动漫的发展在内容、制作、平台等各个方面都发生了巨大的变化。因此，梳理游戏和动漫的历史变迁能够有助于我们更加深刻地理解互联网对于游戏和动漫产业的影响。

第一节　游戏成长史：
从 1.0 时代到 4.0 时代

在计算机出现之前，以其作为载体的单机游戏还没有出现。在互联网出现之前，以互联网为基础的网络游戏并没有出现。因此，现在主流的单机游戏和网络游戏都是在科技发展的基础上才会出现。而在单机游戏和网络游戏出现之前，人类社会本身就有游戏的存在。"80 后"和"90 后"共同怀念的老鹰捉小鸡、跳房子等互动活动从广义上来说都是游戏。而这些游戏更加类似于一种体育锻炼。单机游戏和网络游戏则更加需要人们用智商和手速来完成游戏设置的目标，满足自身的好奇心。无论是三次元的游戏还是二次元的游戏，游戏的本质都是释放出人们的竞争心态，让人们在一种"无害"的竞争中获得满足感和兴奋感。同时，伴随着游戏的不断发展，游戏本身的内容已经越来越丰富，游戏玩家也不再仅仅追求成就。在有的网络游戏中，有的玩家因为游戏的剧情而被吸引，有的玩家因为游戏画面优美而变成所谓的"风景党"。而很多网游也在不断丰富自身的内容，满足玩家的多样化需求。

网络游戏发展的四个阶段中：游戏 1.0 时代是单机游戏时代，玩家们被限定在一个被严格规则的世界中进行游戏，不产生与其他玩家的任何互动；这样的单机游戏主要是为了满足玩家的竞争心而设置，通过打斗或者做任务的方式来判定玩家的输赢，从而满足玩家的竞争心理。我们熟知的《超级玛丽》《魂斗罗》都是属于这种。而在网络游戏出现之后，有的单机游戏开始提升自己的画面和剧情设计，通过这些来吸引一些新玩家，比如《仙剑奇侠传》系列的单机游戏，古风的设计和剧情已经成为其主要的竞争优势所在。但总体上来说，单机游戏的市场并不如网络游戏那么庞大。

游戏 2.0 时代是网络游戏时代，玩家通过互联网可以与其他玩家产生互动，但游戏世界的架构仍由游戏内容提供商完成，玩家不能够参与到游戏世界、游戏规则的建立之中。在这一阶段，网络游戏由于具有了社交的功能，因此吸引了很多成年玩家的入驻。这部分玩家一部分是因为游戏的竞争性，而有一部分玩家完全是为了社交的目的在玩游戏。网络游戏的制作相比较单机游戏来说更加精良，同时为了收回成本，网络游戏在盈利活动方面也比单机游戏要多一些，点卡的销售、装备与外观的购置等都是销售的途径。而对于单机游戏来说，除了游戏自身的销售只有一些周边的销售了。因此，单机游戏在面临网络游戏时的发展需要寻找到多条发展路径才能在网络游戏的冲击之下保证自己的发展。

游戏 3.0 时代则带玩家到了参与游戏创作的时代，游戏内容提供商提供简单的平台，保证玩家可按照自己的意愿进行任意游戏世界的建设、游戏规则的制定，并通过玩家间的互动交流使游戏中的虚拟世界不断向前发展。这个阶段的发展是为了充分尊重玩家的体验感受。网络游戏在进行公测之前都会进行内侧，即邀请一部分玩家在体验服务器试玩感受游戏的优劣并做出评价，方便游戏公司进行修改。这样的体服测试依旧属于 2.0 时代的网游，而在 3.0 时代随着智能科技的不断进步，网游的体验会变得越来越好，而消费者在参与网游世界搭建的时候将会获得比体服测试更好的游戏体验。

游戏 4.0 时代是游戏发展跨时代的一个阶段。VR 等科学技术的发展为游戏产业的发展提供了更加方便的载体。任天堂等游戏在这个阶段已经开始将 VR 等技术运用于自家的游戏设备中，力求为玩家提供高水平的游戏体验。3.0 时代的 3D 网络游戏时代的体验将会慢慢升级为全方位的感官体验，即建立在 VR 技术上的沉浸式体验。这样的游戏体验将会推动游戏产业的发展与互联网产业特别是互联网技术产业产生更加深度的融合。

一、游戏 1.0 时代：人—机交互的时代

游戏 1.0 时代仍旧是单机游戏的天下。这个时候互联网还没有完全的普及。单机游戏（Single-Player Game），一般指仅使用一台游乐器或电脑就可以独立运作的电子游戏或电脑游戏。近年来，由于互联网的普及，为提供追加下载内容、多人连线对战、防止盗版，许多单机游戏已经支持互联网功能。在国外，单机游戏具有广泛的含义，单机游戏可以指主机游戏、电脑游戏、掌机游戏、街机游戏、手机游戏，而在国内单机游戏通常指电脑游戏。"不需要网络条件即可单人游玩的游戏"是大众对单机游戏的普遍认知，实际上随着互联网急速发展，为了满足玩家的需求，网络元素和社交元素越来越多地被运用到单机游戏上，单机游戏除去单人游戏模式外还存在多人合作模式，部分单机游戏更是需要全程联网才能玩，发行商也需要为游戏搭载多人在线的服务器，可以说现如今单机游戏已经模糊了网络和单机之间的界限，而未来单机游戏也会向多元化游戏模式发展。

单机游戏的发展始于计算机技术的提升，繁荣在网游兴盛之前。但是，即使网游开始逐渐兴起，但是对于一些专注于游戏的玩家来说，单机游戏特别是一些竞技类的游戏依旧是他们一直追逐的巅峰。而网游的社交功能使得其普适性更强。相对来说，单机游戏的市场更加细分。在互联网的发展浪潮之下，单机游戏看似已经掉落，但其实更重要的是如何利用互联网找寻到自己的细分市场，同时如何更好地利用互联网来拓展自身的产业链。对于单机游戏来说，互联网不应该是威胁，更应该是一次产业提升

的契机。

这一时期的单机游戏主要有几个特点。一是人—机竞争。单机游戏都是属于电脑内置的软件而不与网络相连接，因此，无法做到人与人之间的互动。这个时候单机游戏还处于普及的阶段，人们对于这种新奇的娱乐方式抱有极大的好奇心，因此，凭借自身实力打通关成为所有玩家的梦想。所有玩家都在追求一种极致的游戏体验，即如何以最小的成本来获取最终的胜利。二是图像分辨率极低。这个时候计算机的发展技术还处于较为低端的阶段，图像的质量还不高。因此，游戏的观感还有待提高。三是剧情简单。因为计算机的硬件基础设施还未能提高，而且这个阶段的游戏是以打击感为主，因此，此时的单机游戏在剧情上都相对比较简单。三是游戏设置注重策略，建立奖励机制吸引玩家。这个阶段的单机游戏通过简单的竞技给予玩家一定的奖励，鼓励玩家延长游戏时间。这也是此后游戏的基本设置，也是单机游戏和网络游戏都会采用的方式。

一位还在麻省理工学院（MIT）学习的叫诺尔·布什内尔（Nolan Bushnell）的学生设计了世界上第一个业务用游戏机，这个街机游戏的名字叫《电脑空间》，起初的电子游戏雏形也就如此。[1] 这个游戏的起源主要是因为 Nolan Bushnel 在看电视的时候和现在的人们一样觉得没意思，或者是结局不是自己的意愿。他开始希望能够控制角色，于是他开始把电视动了 N 多手术。《电脑空间》的失败并没有让这个少年气馁，他在《电脑空间》推出的次年，和他的朋友泰迪·达布尼（Ted Dabney）用500 美元注册成立了自己的公司，这个公司就是电子游戏的始祖——雅达利（Atari）。[2]

1981 年，Toolworks 软件公司，后来叫做 Mindscape，推出了 Colossal Caves 的官方零售版本，起名为《最早的冒险》。这真是一个恰如其分的名

---

1 陈莉婷，刘俊.视频游戏作品著作权问题研究 [J].法制与社会，2009(2).
2 李威.暴力电子游戏对大学生攻击性影响 [D].郑州：河南大学，2012.

称。电脑游戏的时代来临了。后来用电脑编制电子游戏就开始在程序员之间流行起来。当时的电子游戏大多数还都是编程高手们做出来自娱自乐的绝对的贵族玩具，这是因为当时接触计算机的基本都是科技精英，一般的群众是接触不到这种东西的。当然，这些所谓贵族的电子游戏是非常简陋的，想要理解当时的电子游戏，就非得有过人的抽象思维能力不可。在现在的玩家眼里，一个白色的 16×16 点素的色斑可能代表着马赛克，但是在当时的电子游戏中，他们代表大魔王、勇者、树木或者是其他的任何东西。[1]

1981 年出现了一代神作——任天堂的大金刚，可以说这直接导致日后游戏界的走向。而 1983 年，更是影响游戏界的第一年。这一年 FC 机 [2] 正式诞生进入市场，取得了巨大成功。FC 使用一颗理光制造的 8 位的 2A03 NMOS 处理器（基于 6502 中央处理器，但是缺乏 BCD 模式），PAL[3] 制式机型运行频率为 1.773447MHz，NTSC[4] 制式机型运行频率为 1.7897725MHz，主内存和显示内存为 2kB。[5]

FC 使用理光开发的图像控制器（PPU），有 2kB 的视频内存，调色盘可显示 48 色及 5 个灰阶。一个画面可显示 64 个角色(sprites)，角色格式为 8×8 或 8×16 个像素，一条扫描线最多显示 8 个角色，虽然可以超过此限制，但是会造成角色闪烁。背景仅能显示一个卷轴，画面分辨率为 256×240，但因为 NTSC 系统的限制，不能显示顶部及底部的 8 条扫描线，所以分辨率剩下 256×224。从体系结构上来说，FC 有一个伪声音处理器（pseudo-Audio Processing Unit，pAPU），在实际硬件中，这个处理器是集成在 2A03 NMOS 处理器中的。pAPU 内置了 2 个几乎一样

1　刘迎蒸.电脑游戏造型对产品形态的影响及应用研究 [D].长沙：湖南大学，2004.
2　红白机 Family Computer（简称 FC 或 FAMLCOM）是任天堂公司发行的第一代家用游戏机。
3　PAL 制又称为帕尔制。PAL 是英文 Phase Alteration Line 的缩写，意思是逐行倒相，也属于同时制。PAL 由德国人 Walter Bruch 在 1967 年提出，当时他是为德律风根 (Tele fun ken) 工作。"PAL" 有时亦被用来指 625 线，每移 25 格，隔行扫描，PAL 色彩编码的电视制式。
4　NTSC 是 National Television Standards Committee 的缩写，意思是 "（美国）国家电视标准委员会"。NTSC 负责开发一套美国标准电视广播传输和接收协议。
5　闫书强.所有的精彩都在这里集结——FC 模拟器篇 [J].大众硬件，2005(10).

（nearly-identical）的矩形波通道，1 个三角波通道，1 个噪声通道和 1 个音频采样回放通道（DCM，增量调制方式）。其中 3 个模拟声道用于演奏乐音，1 个杂音声道表现特殊声效（爆炸声，枪炮声等），音频采样回放通道则可以用来表现连续的背景音。[1]FC 主机上有一个复位开关、1 个电源开关、1 个游戏卡插槽、2 个带有十字方向键的 2 键手柄（游戏控制器），主手柄上有"选择"和"开始"按钮。主机背面有电源接口、RF 射频输出接口、视频图像输出接口、音频输出接口。前面还有一个扩展端口，用于连接光线枪、附加连发手柄等外部设备。FC 游戏通常以只读内存形式存放于可插在主机插槽上的游戏卡中，容量有 LA 系列 24k，LB 系列 40k，LC 系列 48k，LD 系列 64k，LE 系列 80k，LF 系列 128k，LG 系列 160k，LH 系列 256k，特卡系列和多合一卡带等，还有一些带有电池用来保存游戏进度。[2]

1983—1989 年，游戏进入了任天堂的时代。任天堂的 FC（红白机）的主机发售，导致整个时代都是任天堂的时代。FC 发售量一夜蹿红，有着魂斗罗、马里奥、俄罗斯方块这些游戏撑腰的 FC 势不可挡，带来了小霸王游戏机和任天堂公司的巅峰时期。任天堂已经在全球销售超过 20 亿份游戏软件，缔造了多名游戏史上著名人物，例如马里奥（Mario），大金刚（Donkey Kong）；创造了游戏史上最为经典的游戏，例如《塞尔达传说》（"The Legend of Zelda"），《口袋妖怪》（"Pokémon"）。任天堂生产和销售家用游戏机和游戏软件，包括 Nintendo GameCube 和 世界上销量最好的掌上游戏机 Game Boy 系列。[3]

在这个时期，单机游戏由原来的实验阶段正式进入市场。单机游戏的时代开启，但是遇上互联网以后，单机游戏的市场开始发生变化。

1995—2000 年属于我国的单机游戏时代，《大宇双剑》《河洛三部曲》

1　闫书强.所有的精彩都在这里集结——FC 模拟器篇 [J].大众硬件，2005(10).

2　木易.那些年我们的游戏主机 [J].科学 24 小时，2014(2).

3　马里奥.任天堂，参透游戏的真谛 [J].黄金时代，2009(10).

《天地劫》《刀剑封魔录》《秦殇》《三国群英传》《剑侠情缘》等游戏不胜枚举。处于自研巅峰的智冠、汉堂、目标、像素、宇峻奥汀、大宇等公司不断为这个时代的国产游戏注入新的活力，尽管没能赶上当时世界主流的RTS游戏格局，但这些璀璨的RPG绽放出来的光芒却丝毫不逊色于同时期国外的游戏。

二、游戏 2.0 时代：人—人交互的起始

游戏2.0时代是单机游戏开始强势发展、网络游戏逐步兴起的一个阶段。单机游戏从一开始的"粗制滥造"转向更加精细化的制作，游戏的种类也开始不断丰富起来。而这个时候，网络游戏也伴随着互联网的发展开始不断地兴起。这个阶段的单机游戏主要有以下几个特征：一是增设了各种方向，不再像1.0时代只是单纯的人机互动，这个时候单机游戏的人机互动开始逐渐转变成为网络游戏的人人互动。二是游戏的种类也开始不断增加，除了前期的动作、冒险类游戏，后期又出现了模拟、角色扮演、休闲等不同类别的游戏。例如角色类单机游戏的代表作《仙剑奇侠传》系列游戏，堪称国产单机游戏的巅峰，迄今为止已经成为有6部作品的系列经典单机游戏。除此之外，还有帝国时代、NBA、FIFA等一系列具有代表性的游戏。以任天堂和索尼为代表的老牌游戏机生产厂家也在游戏界奠定了自己的地位。随着游戏机的不断更新，单机游戏也在稳定地占据一部分游戏玩家的市场。与此同时，随着计算机的升级换代，网络游戏也处在不断的发展之中。另外，除了游戏机这一载体以外，电视单机游戏和电脑单机游戏也开始出现，单机游戏的载体开始丰富起来。

网络游戏（Online Games），又称"在线游戏"，简称"网游"，指以互联网为传输媒介，以游戏运营商服务器和用户计算机为处理终端，以游戏客户端软件为信息交互窗口的旨在实现娱乐、休闲、交流和取得虚拟成就的具有可持续性的个体性多人在线游戏。随着网络时代不断变迁和网络

用户的需求不断高涨，网络游戏的巅峰盛世就此诞生。除此之外，随着私服、外挂等非法程序的侵入，第三代网络游戏渐渐走向低谷，第四代网游迅速崛起。

网络让我们的地球变成一个村落。这句话代表了人类一种广泛沟通的欲望。2000 年后，网络所营造的泡沫经济开始破灭，一个个盛极一时的网络公司纷纷传出裁员或倒闭的消息，而其中一个网站却呈现些另外一番景象：2001 年 5 月，联众游戏以 17 万同时在线、2000 万注册用户的规模成为当时世界最大在线游戏网站。以联众游戏和文字 MUD 游戏为代表的网络游戏在泡沫经济中独树一帜的表现，让不少人看到了其中所蕴涵的巨大商机。在随后几年里，网络游戏确实以惊人的速度发展起来。网游的发展让现代的单机游戏有了互联网化的概念。

由于当时的计算机硬件和软件尚无统一的技术标准，因此，第一代网络游戏平台、操作系统和语言各不相同。它们大多为试验品，运行在高等院校的大型主机上，如美国的麻省理工学院、弗吉尼亚大学以及英国的埃塞克斯大学。

这个时候的网络游戏主要具备以下几种特征：一是非持续性，即机器重启后游戏的相关信息即会丢失，因此，无法模拟一个持续发展的世界；二是游戏只能在同一服务器或终端机系统内部执行，无法跨系统运行。此时的网络游戏还没有开始收费。第一款真正意义上的网络游戏可追溯到 1969 年，当时瑞克·布罗米为 PLATO（Programmed Logic for Automatic Teaching Operations）系统编写了一款名为《太空大战》（"SpaceWar"）的游戏。该游戏以 8 年前诞生于麻省理工学院的第一款电脑游戏《太空大战》为蓝本，不同之处在于，它可支持两人远程连线。

PLATO 是历史上最为悠久也是最著名的一套远程教学系统，由美国伊利诺斯州厄本姆的伊利诺斯大学开发于 20 世纪 60 年代末，其主要功用是为不同教育程度的学生提供高质量的远程教育，它具有庞大的课程程序库，可同时开设数百门课，可以记录下每一位学生的学习进度。PLATO 还是第一套分时共享系统，它运行于一台大型主机而非微型计算机上，因此，具有更强的处理能力和存储能力，这使得它所能支持的同时在线人数大大增加。1972 年，PLATO 的同时在线人数已达到 1000 多名。

那些年里，PLATO 平台上出现了各种不同类型的游戏，其中一小部分是供学生自娱自乐的单机游戏，而最为流行的则是可在多台远程终端机之间进行的联机游戏，这些联机游戏即是网络游戏的雏形。尽管游戏只是 PLATO 的附属功能，但共享内存区、标准化终端、高端图像处理能力和中央处理能力、迅速的反应能力等特点令 PLATO 能够出色地支持网络游戏的运行，因此在随后的几年内，PLATO 成了早期网络游戏的温床。

PLATO 系统上最流行的游戏是《圣者》（"Avatar"）和《帝国》（"Empire"），前者是一款"龙与地下城"设定的网络游戏，后者是一款以"星际迷航"为背景的网络游戏。这些游戏绝大多数是程序员利用业余时间编写并免费发布的，他们只是希望自己的游戏能获得大家的认可。当然，也有一些开发者通过自己的游戏获得了收入，但通常每小时只有几美分，并且还得在若干作者之间进行分配。

PLATO 在游戏圈内并未获得其应有的荣誉和地位，但这并不能抹杀它对网络游戏以及整个游戏产业所做出的贡献。PLATO 上的不少游戏日后都被改编为了游戏机游戏和 PC 游戏，例如《空中缠斗》（"Airfight"）的作者在原游戏的基础上开发了《飞行模拟》（"Flight Simulator"）。20 世纪 80 年代初，这款游戏被微软收购并改名为《微软飞行模拟》，成为飞行模拟类游戏中最畅销的一个系列。1974 年推出的《帝国》是第一款允许 32 人同时在线的游戏，这一联机游戏模式成为现代即时策略游戏的标准模式。1975 年发布的《奥布里特》（"Oubliette"）是一款地牢类游戏，大名鼎鼎的角色扮演游戏《巫术》（"Wizardry"）系列即源于此。

有趣的是，1969 年也正是 ARPANet（Advance Research Projects Agency Network）诞生的年份。大家知道，ARPANet 是美国国防部高级研究计划署研制的世界上首个封包交换网络，它的成功直接促成了互联网以及传输控制协议（即 TCP/IP）的诞生。

第二代网络游戏时期大约是在 1978 年至 1995 年，此阶段一些专业的游戏开发商和发行商开始涉足网络游戏，如 Activision、Interplay、Sierra Online、Stormfront Studios、Virgin Interactive、SSI 和 TSR 等，都曾在这一阶段试探性地进入过这一新兴产业，它们与 GEnie、Prodigy、AOL 和 CompuServe 等运营商合作，推出了第一批具有普及意义的网络游戏。

这个阶段的网络游戏主要有以下几个特征：一是网络游戏出现了"可持续性"的概念，玩家所扮演的角色可以成年累月地在同一世界内不断发展，而不像 PLATO 上的游戏那样，只能在其中扮演一个匆匆过客。二是游戏可以跨系统运行，只要玩家拥有电脑和调制解调器，且硬件兼容，就能连入当时的任何一款网络游戏。

网络游戏市场的迅速膨胀刺激了网络服务业的发展，网络游戏开始进入收费时代，许多消费者都愿意支付高昂的费用来玩网络游戏。从《凯斯迈之岛》的每小时 12 美元到 GEnie 的每小时 6 美元，第二代网络游戏的主流计费方式是按小时计费，尽管也有过包月计费的特例，但未能形成气候。

1978 年，在英国的埃塞克斯大学，罗伊·特鲁布肖用 DEC-10 编写了世界上第一款 MUD 游戏——"MUD1"，这是一个纯文字的多人世界，拥有 20 个相互连接的房间和 10 条指令，用户登录后可以通过数据库进行人机交互，或通过聊天系统与其他玩家交流。特鲁布肖离开埃塞克斯大学后，把维护 MUD1 的工作转交给了理查德·巴特尔，巴特尔利用特鲁布肖开发的 MUD 专用语言——"MUDDL"继续改进游戏，他把房间的数量增加到 400 个，进一步完善了数据库和聊天系统，增加了更多的任务，并为每一位玩家制作了计分程序。

1980 年，埃塞克斯大学与 ARPANet 相连后，来自国外的玩家大幅增加，吞噬了大量系统资源，致使校方不得不限制用户的登录时间，以减少 DEC-10 的负荷。20 世纪 80 年代初，巴特尔出于共享和交流的目的，把

MUD1 的源代码和盘托出供同事及其他大学的研究人员参考，于是这套源代码就流传了出去。到 1983 年年末，ARPANet 上已经出现了数百份非法拷贝，MUD1 在全球各地迅速流传开来，并出现了许多新的版本。如今，这套最古老的 MUD 系统已被授权给美国最大的在线信息服务机构之———CompuServe 公司，易名为"不列颠传奇"，至今仍在运行之中，成为运作时间最长的 MUD 系统。

在这个时期，越来越多的专业游戏开发商和发行商介入网络游戏，一个规模庞大、分工明确的产业生态环境最终形成。人们开始认真思考网络游戏的设计方法和经营方法，希望归纳出一套系统的理论基础，这是长久以来所一直缺乏的。此时，"大型网络游戏"（MMOG）的概念浮出水面，网络游戏不再依托于单一的服务商和服务平台而存在，而是直接接入互联网，在全球范围内形成一个大一统的市场。包月制被广泛接受，成为主流的计费方式，从而把网络游戏带入了大众市场。

第三代网络游戏始于 1996 年秋季《子午线 59》的发布，这款游戏由 Archetype 公司独立开发。Archetype 公司的创建者为克姆斯兄弟，《模拟人生在线》的设计师迈克·塞勒斯和已被取消的《网络创世纪 2》的设计师戴蒙·舒伯特都曾在这家公司工作过。《子午线 59》本应是一款划时代的作品，可惜发行商 3DO 公司在决策过程中出现了重大失误，在游戏的定价问题上举棋不定，面对《网络创世纪》这样强大的竞争对手，先机尽失，"第一网络游戏"的头衔终被《网络创世纪》夺走。《网络创世纪》于 1997年正式推出，用户人数很快突破 10 万大关。[1]

《子午线 59》和《网络创世纪》均采用了包月的付费方式，而此前的网络游戏绝大多数均是按小时或分钟计费（收费前通常会有一段时间的免费使用期）。采用包月制后，游戏运营商的首要经营目标已不再是如何让玩家在游戏里付出更多的时间，而是更关注如何保持并扩大游戏的用户

---

1 论网络游戏的发展与利弊［EB/OL］.(2014-7-4)［2015-12-19］.http：//www.yxtvg.com/show/162465.html.

群。与目前国内众多网络游戏"捞一票即走"的心态相比，月卡、季度卡和年卡等付费方式无疑更有利于网络游戏的长远发展，尽管从眼前来看，或许会失去部分经济利益。[1]

《网络创世纪》的成功加速了网络游戏产业链的形成，随着互联网的普及以及越来越多的专业游戏公司的介入，网络游戏的市场规模迅速膨胀起来。这其中既有《无尽的任务》《天堂》《艾莎隆的召唤》和《亚瑟王的暗黑时代》的成功，也有《网络创世纪2》《银河私掠者在线》和《龙与地下城在线》的被取消。一些传统的单机游戏开发商，如 Maxis、Westwood 和暴雪等，也依托自己的品牌实力加入进来，《模拟人生在线》《远离地球》《星球大战：星系》和《魔兽世界》等都是期待度很高的作品，而更重要的则是一批中小开发商的涌现，它们在为网络游戏市场创造更丰富、更多样化的内容的同时，也为整个游戏业带来了不安定的泡沫因素。[2]

《XBA 篮球经理》是全球首款在线篮球经理游戏，基于 IE 浏览器，无需下载客户端，上班族的最爱，抛弃了原有大型网络游戏几百兆的客户端，纯正本土原创，100% 的学生创业团队，完全拥有自主开发并拥有完全知识产权的网络游戏产品。这款游戏市场及运营方面的负责人此前曾在中国最大的网络游戏公司——盛大网络担任陈天桥先生的战略研究经理职务。公测以来，包括新浪、网易、17173、中华网、腾讯、篮球先锋报、电脑报等数十家媒体都进行了跟踪报道，韩国著名的网络游戏门户 MUD4U 也对《XBA 篮球经理》给予了高度评价。[3]

在网游时代，除了几款借鉴成功的国产游戏之外，知名度高影响力大

1　论网络游戏的发展与利弊［EB/OL］.(2014-7-4)［2015-12-19］.http：//www.yxtvg.com/show/162465.html.

2　论网络游戏的发展与利弊［EB/OL］.(2014-7-4)［2015-12-19］.http：//www.yxtvg.com/show/162465.html.

3　论网络游戏的发展与利弊［EB/OL］.(2014-7-4)［2015-12-19］.http：//www.yxtvg.com/show/162465.html.

的多数是国外产品，国内游戏的创造力被市场冲击得七零八落。这之后，《热血江湖》正式提出了"免费游戏，收费道具"的概念，《征途》则是把这个概念强化，将一些人的攀比心理和虚荣心彻底激发出来，二者合一。自此，国内网游进入另外一个时代，几乎国产自研的网游全都是一个模子做出来的，游戏玩法逐渐"简化"，游戏操作越来越弱智，日复一日地摧残着玩家们探索游戏的乐趣。

这个时期的游戏发展不仅仅在于吸引人们的好奇心，而且开始更加注重人们在游戏中获得的乐趣。在这种乐趣之中，人们被游戏中的人物设定或者剧情设置所吸引。同时，网络游戏开启了游戏之中的人人互动时代，网游游戏在竞技之余增添了社交的功能，以游戏为核心的文化社交圈在不断地形成。以某一个网络游戏为核心而形成的亚文化圈随着互联网的发展不断地形成、巩固。这种文化圈的凝聚力和排外性都十分强烈。而这样的文化圈的形成离不开互联网带来的跨地域的便利联系。同时，随着硬件基础设施的不断提升，游戏的难度也在不断提升，游戏的任务也在不断多样化。在这样的发展之下，游戏对于人们的吸引力也越来越大。

三、游戏 3.0 时代：人—文交互的深化

游戏 3.0 时代，互联网的发展越来越迅速。伴随着计算机和互联网技术的不断升级，不论是单机游戏，还是网络游戏，都有了长足的发展。与此同时，人们对于游戏的认识也有所变化。游戏从一开始只是发掘人们的好奇心和竞争意识，到现在发展成为不断发掘人们在游戏之外的各种需求。比如，将动漫、影视、文学和游戏结合起来，利用移情效应吸引粉丝来玩游戏。再例如利用人们对于游戏的喜爱来发展延伸产业，比如由动漫和游戏衍生出来的 cosplay 从原来的小圈子逐步发展成为一种产业并不断地为动漫和游戏创造价值。这种交互方式的升级更多的是一种体验式的设计，人们在消费游戏的过程中得到各种体验，这些体验的设计是当前 3.0

阶段游戏发展的主要方式。

2003 年，国家体育总局将电子竞技正式划为第 99 个体育项目，但电子竞技早在 2000 年就已经略显雏形，当 CS 和星际争霸充斥于全国各地大小网吧时，无数电子竞技爱好者都为了这个称为"梦想"的东西拼命奋斗。WCG 的成立让电子竞技第一次系统合理地出现在世界舞台上，完整的赛事，严谨的体系，加上赛事直播和玩家参与，随着李晓峰连续两年在《魔兽争霸》上拿到世界冠军，电子竞技在国内发展达到一个巅峰。梦想是美丽的，但现实是残酷的，混乱无序的电子竞技圈依然不温不火地活着，有投入无回报，靠电子竞技生存依然是个美丽的谎言。

另外，随着智能手机的不断发展，手游的市场被逐渐开发出来。单从游戏的竞技性上来说，手游与 PC 端游戏或专门的游戏机是无法比拟的，但手游最大的优势在于利用了人们的闲暇时间。碎片化时间的应用是手游能够成功的契机，而且现在很多手游市场的开发都是基于一定的 IP，比如非常火热的《花千骨》《琅琊榜》等这些热门电视剧都有同名手游的开发。这些手游产品借助于电视剧的粉丝效应来打开市场无疑是对电视剧的又一轮宣传，两者之间互惠互利。另外，借助社交平台发展起来的一些手游也在不断兴起。微信朋友圈兴起的打飞机一度成为一种风潮。而阿里巴巴投资的暖暖游戏也通过在各大高校的宣传不断扩大自己的影响力。

第四代网络游戏，又称为次世代网络游戏。次世代源自日本语，即下一个时代，未来的时代。次世代一词运用最多的领域是游戏机，自从 2005 年 E3 大展三大次世代游戏主机 (Xbox360、PS3、Wii) 大放异彩至今，《战争机器》《GT5》《合金装备 4》《使命召唤 4》等一系列次世代游戏大作让玩家大呼过瘾，"次世代"这个词已经成为玩家对一款新游戏的最高评价。随着网络时代不断变迁和网络用户的需求不断高涨，第四代网络游戏就此诞生。除此之外，随着私服、外挂等非法程序的侵入，第三代网络游戏渐渐走向低谷，也是第四代网游迅速崛起的条件之一。[1]和传统网游相比，次世代网游是把次世代游戏开发技术融入到网络游戏之中，通过增加模型和贴图的数据量并使用次世代游戏引擎改善网络游戏的画面效果，使网络游戏可以达到主机平台游戏的画面效果。

随着市场竞争的激烈及游戏开发门槛的提高，"次世代"的概念正越来越多地被应用到网游中。次世代网游是把次世代游戏开发技术融入到网络游戏之中，通过增加模型和贴图的数据量并使用次世代游戏引擎改善网络游戏的画面效果，使网络游戏可以达到主机平台游戏的画面效果。和传统的 3D 网游相比，次世代网游的画面更加华丽。[2]

中国和韩国在 2008—2009 年都曝光了多款次世代新网游，腾讯巨资引进的年度枪战大作《战地之王》在 2009ChinaJoy 上吸引了众多 FPS 粉丝的关注。《天堂》《天堂 2》《永恒之塔》等知名游戏的开发商韩国游戏巨头 Ncsoft，早在 2008 年就发布了次世代大作《剑灵》的宣传视频，它在游戏画面和打击感方面的出色表现马上吸引了诸多关注者，无论在亚洲还是欧美都得到超高评价。《战地之王》和《剑灵》是两款风格完全不同的游戏，却使用了共同的游戏引擎虚幻 3。值得一提的是，《天堂 2》是用虚幻 2 开发的，而《剑灵》是用虚幻 3 开发的，可以分别视为普通 3D 网游和次世代网游的代表作。[3]

虚幻引擎是全球知名的游戏开发商和引擎研发商 Epic Games 的核心产品，虚幻引擎占有全球商用游戏引擎 80% 的市场份额，几乎成为全球一流游戏公司购买游戏引擎的首选产品。以往 unreal 引擎主要用于主机游戏的开发，但随着 unreal3 在亚洲的推广，中韩众多知名游戏开发商购

1　吴军.2010 年网络游戏的"次世代"已经到来［EB/OL］.(2010-1-20)［2015-12-7］.http：//game.people.com.cn/GB/48604/163384/10806358.html.

2　吴军.2010 年网络游戏的"次世代"已经到来［EB/OL］.(2010-1-20)［2015-12-7］.http：//game.people.com.cn/GB/48604/163384/10806358.html.

3　吴军.2010 年网络游戏的"次世代"已经到来［EB/OL］.(2010-1-20)［2015-12-7］.http：//game.people.com.cn/GB/48604/163384/10806358.html.

买了该引擎的授权，如 NCSOFT、SONOV(神泣的开发商)、久游、网龙、798GAME、趣味第一等。这款世界顶级引擎在中国的推广加速了国内次世代网游的开发潮流。从 2D 到 2.5D 到 3D 再到次世代，网游开发技术的进步不仅给玩家带来了更棒的产品，也对游戏行业人才的需求提出了更高的要求：一方面，次世代网游对于画面的质量和细节的表现对游戏美术设计师提出了更为苛刻的技术要求，另一方面使得整个游戏开发的工作量呈几何级数上升，从而需要更多的游戏美术设计师。[1]

为了推广 unreal3，Epic Games China 可谓设想周到，不仅向游戏公司出售引擎，更为他们准备了人才解决方案。早在 2007 年，EPIC 就与国内专业的游戏培训机构 GA 游戏教育基地建立合作，共同进行虚幻引擎的教学，教授次世代游戏开发技术。2009 年，GA 还特别推出了次世代网游开发课程，专门培养次世代网游开发人才。[2]

人类是视觉动物，无论是单机游戏还是网络游戏，人们对于极致画面效果的追求是永远不会停息的。即使是次世代主机的画面也在不断升级中，《GTA4》为了取景在纽约城装了无数个摄像头，小岛秀夫为了给《MGS》真实的场景，他拍了数千张实景照，这两款游戏都获得了大卖。次世代网游凭借精美绝伦的画面效果与丝丝入扣的画面细节，必然会赢得越来越多玩家的青睐，也必然成为下一代网络游戏开发的主流。从一款网络游戏的开发周期来看，我们可以想象，现在有多少家网络游戏公司正在从事次世代网游的开发工作。可以预见，2 至 3 年以后的网络游戏市场，次世代网游必将引领新的潮流。[3]

除大型网游之外，随着 Web 技术的发展，在网站技术上各个层面得到

1　吴军.2010 年网络游戏的"次世代"已经到来 [EB/OL].(2010-1-20)［2015-12-7］. http：//game.people.com.cn/GB/48604/163384/10806358.html.
2　吴军.2010 年网络游戏的"次世代"已经到来 [EB/OL].(2010-1-20)［2015-12-7］.http：//game.people.com.cn/GB/48604/163384/10806358.html.
3　吴军.2010 年网络游戏的"次世代"已经到来 [EB/OL].(2010-1-20)［2015-12-7］. http：//game.people.com.cn/GB/48604/163384/10806358.html.

提升，国外已经开始新兴起许多的"无端网游"，即不用客户端也能玩的游戏，也叫网页游戏，也有一些公司宣称"老板眼皮底下也能玩的游戏"。确实，网页游戏依靠 Web 技术支持就能玩的在线多人游戏类型，受到许多办公室白领一族的追捧。2007 年开始，中国大陆也陆续有许多网页游戏开始较大规模的运营，网页游戏作为网络游戏的一个分支已经逐渐形成。在一些综合的游戏门户网站也开始把网页游戏作为网络游戏产品的一个重要分支进行大规模的报道，比如顶级游戏平台就有专门的网页游戏分支频道，报道最新的网页游戏产品，并聚合了更多的网页游戏玩家同人群体，大家进一步沟通娱乐。[1]

第四代网络游戏的发展建立在计算机和互联网硬件设施的不断升级的基础之上，同时，人们对于游戏的需求也在不断上升。页游的出现也正是基于人们在上班时的闲暇时间所专门设计的。由此可见，游戏这个产业的发展最重要的两个基础，一是技术或者说硬件设施，二是人们的需求。而在未来，游戏的发展将因为技术的进步而进入到一个全新的阶段。

四、游戏 4.0 时代：游戏与互联网的深度融合

根据易观智库 Enfodesk 发布的《2014 年中国网络游戏市场预测》显示，预计 2014 年的市场规模将达到 237.56 亿元，较上一年度增长 96.5%；2015 年将达 338.43 亿元，较 2014 年增长 42.5%；2016 年，市场规模将超过 427.05 亿元，较上一年度增长 26.2%。未来三年，移动游戏市场规模将保持高速增长。由此可见，未来游戏产业的发展将会有无限的潜力。而在未来，游戏发展的趋势就是 VR 沉浸式体验。[2] 这不仅仅是智能科技发展的一个主要趋势，也是未来游戏产业和互联网深度融合重要标志之一。

1　论网络游戏的发展与利弊［EB/OL］.(2014-7-14)［2015-12-19］.http：//www.yxtvg.
com/show/162465.html.

2　半月要闻［J］.出版参考，2014(4).

虚拟现实（Virtual Reality，简称 VR），是由美国 VPL 公司创建人 Jaron Lanier 在 20 世纪 80 年代初提出的，具体内涵是：综合利用计算机图形系统和各种现实及控制等接口设备，在计算机上生成的、可交互的三维环境中提供沉浸感觉的技术。[1] 通俗来说，VR 就是利用 GPU 技术绘制出一个虚拟的时空，让使用者能全方位沉浸其中的技术。AR 则是现实增强的英文缩写，两者相伴相生。

目前，成熟的产品就是跟踪头部运动的虚拟现实头套。在传统的计算机图形技术中，视觉信号通过显示器提供，视场的改变是通过鼠标或键盘来实现的，这样用户的视觉系统和运动感知系统是分离的，而利用头戴显示器提供视觉输出，跟踪头部运动来改变图像的视角就是目前虚拟现实的产品。它的好处就是用户的视觉系统和运动感知系统之间可以联系起来，用户不仅可以通过双目立体视觉去认识环境，而且可以通过头部的运动去观察环境，感觉就像是置身于虚拟世界中一样逼真。这种体验还有一个别名，叫做沉浸式体验。[2] 和传统鼠标键盘平面交互方式不同，虚拟现实头盔通过内置陀螺仪和线速度感应计，可以提供六个自由度的 3D 运动侦测，这就非常适合三维空间的运动感应。除了虚拟现实头盔，类似的设备还有数据手套和数据衣。

任天堂的 Zapper 光枪或许应该算是史上最成功的游戏外设，仅仅一个简单的想法就能让玩家感受到操作方式的变化，能让游戏看起来更加真实。FC 时代的能量手套（Power Glove），把手柄戴在手上来模拟体感动作的想法或许很有创意，但用起来麻烦且不灵，最终成为笑柄。世嘉为 MD 开发的一款体感周边 Activator 插件，指望通过触发每一边的感应来对应游戏中的动作，结果还是时灵时不灵，缺乏应用价值。PS3 时代后续的

---

1 梅玉龙.应急演练计算机三维模拟系统研究［J］.中国安全生产科学技术，2012(4).
2 解方，张朝武.虚拟现实技术及其应用［J］.电子世界，2013(8).

PS Eye 和 PS move[1] 这套组合同样没有取得预想中的出色效果。而 Wii 则抓住这个机会，用体感手柄实现了逆袭。这再次证明了在技术不会有天壤之别的前提下，能够适应需求，表现最配套的游戏作品才是最容易取得成功的。除了输入方式的虚拟现实外，显示设备的提升也日新月异，微软曾提出过名为 Illumiroom[2] 的全新投影技术，让整个房间都成为屏幕。而最近几年里最接近预期，实现虚拟现实效果的还是头戴显示器类，比如索尼已经推出的 HMZ-T3W 及系列产品。

　　VR 的出现代表的只是技术对于游戏产业改变的一个方面而已。从某种意义上来说，科学技术的发展最先展现的是游戏产业的发展。因为从 2.0 时代开始，游戏产业的发展已经和计算机、互联网密不可分了。而伴随着未来科学技术的不断发展进步，特别是智能产业的发展，游戏产业将会给人们带来越来越好的体验，而在这体验的背后是社会经济的不断进步和人们娱乐需求的不断提升。

1　索尼开发的体感控制器组合。最新的 PS4 Eye 拥有两颗分辨率为 1280×800 的 85 度广角摄像头，不但可以拍摄多种规格的照片和视频，还可以精确地测算被摄物体景深以及玩家的前后移动动作，实现和 Dual Shock 4 手柄及 PS Move 甚至手机平板等的联动。PS Move 包括一个体感控制器和一个辅助遥控器，与 PS Eye 配合提供了六轴感应、振动以及体感操作的功能。

2　Illumiroom，是一种投影技术。游戏的图像以及光影可以突破电视屏幕的限制而填满整个空间。

第二节 动漫成长史：
从 1.0 时代到 3.0 时代

　　21 世纪之前，我国动漫产业的发展都没有走上科学的道路，但其间获得的成就却是不容小觑的。中国动画起源于 20 世纪 20 年代，1926 年，中国摄制了第一部动画片《大闹画室》，揭开了中国动画史的一页。1955 年的木偶片《神笔》，在国际上获得了儿童娱乐片一等奖，这是中国美术片第一次在国际上获奖。1960 年，以《小蝌蚪找妈妈》《牧笛》为代表的水墨动画横空出世。[1]

　　20 世纪 80 年代开始，中国动画的作品数量多且质量高，像充满智慧的《阿凡提》，简洁幽默的《三个和尚》，还有水墨动画《鹿铃》，风格古雅的《南郭先生》，毛茸茸的剪纸片《猴子捞月》，水墨风格剪纸片《鹬蚌相争》，幽默有哲理的《崂山道士》，还有《孔雀的焰火》《小熊猫学木匠》《假如我是武松》《天书奇谭》《除夕的故事》《水鹿》《女娲补天》，还有优美感人的《雪孩子》都是这个时期的作品。[2] 这其中最值得一提的，就

1　马骉，杜振东.我国当下动画新思潮中独立动画发展的初探 [J].电子制作，2013(4).
2　秦璋颖.宫崎骏动画电影中的生态意识 [D].重庆：重庆师范大学，2010(3).

是动画片《哪吒闹海》。

2000 年以来，动漫产业的发展大致经历了 1.0 和 2.0 时代，现在正在进入 3.0 时代。从市场用户上来说，我国动漫市场的体系是非常庞大的。这也是我国很多动漫从业者对于市场有信心的原因所在。我们不缺市场，我们需要的是好的作品。但是，中国动漫产业发展最大的问题是人们对于动漫的认知。从新中国成立以来一直到 20 世纪 80 年代，很多人都觉得动漫和动画是同一种产品，即为了满足低幼龄儿童的童真和童心而创造出来的产品。因此，我们的动漫市场需要从根本上去改变观念。动漫是文化产品的一种形式，并不应该仅仅局限在低幼龄儿童市场上。从日本动漫的发展我们就能很清楚地看到这一点。日本动漫产品十分丰富，从儿童、青少年再到成人的相关产品都十分丰富，而且有着非常严格和明晰的分级制度，在这样的分级制度之下，最大限度地避免文化作品带来的负面影响。

在我国动漫的发展成长过程中，互联网的影响的确带来了动漫在技术上的巨大进步。在改革开放之前，中国动漫的发展虽然技术落后，但是秉承中国传统美术的基础，出现了以《小蝌蚪找妈妈》和《大闹天宫》等为代表的一批佳作。改革开放以后，中国的动漫产业才进一步发展起来。这个时候，动漫产业的发展是十分缓慢的。后来随着科学技术的不断发展，动漫产业的制作技术开始不断进步。与此同时，以日本为代表的其他国家的动漫发展现状，为我国动漫产业的发展提供了经验。

一、动漫 1.0 时代：野蛮生长

1.0 时代，指从 2004 年到 2006 年的两年间。2004 年，我国出台了《关于发展我国影视动画产业的若干意见》。国家对于动漫产业的扶持力度并不够。国内很多的动画企业都处于代工阶段，原创动画作品很少出现。同年，国家出台了《国家广播电影电视总局关于实行优秀动画片推荐播出办法的通知》（以下简称《通知》）。《通知》的出台大大刺激了动漫产业市场的发展。然而，虽然国家出台了相关政策，但是电视台可供播放的作品太少。于是，以《喜羊羊与灰太狼》为代表的一批动漫以数量取胜，而对质量的把关却远远没有做到。为了推动市场的发展，企业都在为了填补市场空缺而生产超长时间的动画。因此，如何用较低的成本，来做更长的分钟数，是那个时候原创动画企业的普遍策略。而那个时候你去任何一家做原创的企业，老板都会拍着胸脯说："我们要做一部长达 520 集、1000 集的动画片。"[1] 但是，那个时候中国的动画市场依旧是以低幼龄儿童作为主要受众人群。2005 年央视出品了《围棋少年》这一部比较受好评的动画作品，开始尝试向青年市场转型。该部作品在故事情节的设计上迎合了青年人的口味，但是在人物和画面的设计上还是略显幼稚，与同类型的日本热血动漫《棋魂》相比，依旧有一定的差距。

在动画市场不断追求作品数量的同时，漫画市场也在寻求转型。中国的动画市场一直都是以低幼年龄段为主，而漫画市场上的许多产品却有着一定的市场细分。譬如《动画大王》这样的产品一般是针对低幼年龄段市场，而《少年漫画》这样的产品一般针对的是青少年市场。然而，在 1.0 阶段，一批传统的漫画刊物，比如《卡通先锋》《动画大王》《北京卡通》《少年漫画》《科幻世界画刊》等相继停刊，而后来的巨头《知音漫客》和《漫友》也还在进行开拓和转型。[2]《知音漫客》和《漫友》在转型过程中，逐步向以初中生和高中生为主要群体的青少年市场转型，《漫友》还在不断拓展大学生市场；《知音漫客》在拓展青少年市场的同时也在兼顾一部分的低幼年龄段市场。

1.0 版本的动漫原创，是一个粗放式生长的过程，动漫的盈利模式还停留在很初级的阶段，很多企业还未预见到未来互联网对内容产业将会带来多么大的影响且诞生出多少商业空间。这个阶段的动漫产业的生产制造

1　谢小力.向 3.0 版本升级了，原创动漫怎么办［N］.中国文化报，2013-10-30.
2　谢小力.向 3.0 版本升级了，原创动漫怎么办［N］.中国文化报，2013-10-30.

仍旧以传统的生产方式为主，3D 技术等一些新的技术手段在这个阶段还没有普及。更重要的是萌芽期的环境非常混乱，大部分企业基本上靠粗放生长才能活下来。[1] 而所谓的野蛮生长其实就是对于市场环境和动漫产业的发展定位并没有明确的认识，大部分企业跟着国家的政策走，其实国人对于动漫的认识都还有所偏见，认为只是为了给低幼龄儿童观看的产品。另外，这个阶段的互联网还处于普及的阶段，互联网在人们生活中并没有产生很大的影响。互联网与动漫的融合还没有真正开始。各个动漫企业依旧在抢占以杂志和电视为主体的传统媒体平台。

二、动漫 2.0 时代："大跃进"时代

动漫产业 2.0 时代是从 2007 年到 2012 年。这个时期互联网在中国急速发展。在此时，智能手机虽然还没有开始普及，但是手机除了作为通信工具以外，上网功能也逐渐被开发出来。阿里巴巴的淘宝网开始逐步普及。互联网从开始的科研专用逐渐走入普通家庭生活之中。而此时动漫产业的发展也开始由当初的 1.0 时代进入到 2.0 时代，从粗放生长逐步开始发展壮大，但是在与互联网融合上并没有深入。这个时候互联网上微博、微信等各种社交平台还在初步搭建之中，互联网真正的潜力还没有发挥出来。在 2.0 时代，动漫产业的发展具备以下几个特征。

第一，2.0 时期国家对于动漫产业开始给予大力扶持，给予了很多优惠政策。然而，即使这样，发展成功的企业依旧十分稀少。大部分动漫企业都主要以外包国外动画公司的工作作为收入的主要来源。市场上除了《喜羊羊与灰太狼》这部比较成功的国产动漫以外，并没有其他产品有如此高的知名度。很多企业享受国家政策优惠却没有任何成果。很多地方政府大力扶持动漫基地、动漫产业园的建设，但是很多动漫基地和动漫产业

1　国产动漫 3.0 时代，精品化和品牌化才能出头天［EB/OL］.(2013-10-16)［2015-12-5］.http://chuansong.me/n/201912.

园却并没有吸引到动漫企业，即使有动漫企业入驻，也基本上是中小微企业。当时中国动漫企业中绝大多数都是规模很小的中小微企业，甚至有的可能就是一个工作室。

第二，抄袭和粗制滥造对动漫产业的发展造成了十分不利的影响。《高铁侠》《戚继光英雄传》等"极品"项目，让很多真心想做动漫的人颇为心灰。[1]《高铁侠》的抄袭、《戚继光英雄传》的粗制滥造都让国人对国产动漫失去了信心，也让那些真正的动漫创作人员受到了影响。他们的真心因为这样作品的不良影响而无法被观众看到，动漫市场的良心佳作无法呈现在观众面前。缺少技术、缺少资金、缺少人才是当时许多中小微动漫企业的普遍现状。与此同时，有的企业将动漫视为资本游戏，拿着动画片去圈地，以动漫的名义开发产业园、开发房地产，享受动漫产业相关政策的补贴却没有真正从事动漫产品的开发。

第三，对于大部分动漫企业来说，原创产品依旧是其主要的产品。市场经济的发展催生了一批民营动漫企业，这些企业起初并未得到政府太多支持，挣钱都是围绕电视动画片播放和音像制品销售，但这种盈利模式即便在成熟的国外动画市场，也仅能收回投资的 30%，更何况中国还存在"制播倒挂"现象。所以，不少原创动画公司干过"赔本赚吆喝"的事，有的公司甚至出现过交出产品后就陷入经济危机的情况。[2] 另外，由于产权意识的缺乏以及产权市场的不规范，很多动漫公司没法在延伸产品上获得太多收益，阿狸等一些经典的动漫形象因为盗版而流失大量收益。同时，因为很多动漫企业都是中小微企业，资金成本受限，不了解营销，不能将自己的产品很好地推广出去，只能依托电视台等一些传统媒体。即使如此，最后也可能做不到盈利，营销尚且吃力，更遑论维权。

国外的很多动漫企业在盈利收入上并不仅仅局限于单纯动漫产品的制

1　国产动漫 3.0 时代，精品化和品牌化才能出头天［EB/OL］.(2013-10-16)［2015-12-5］. http：//chuansong.me/n/201912.

2　刘建华.动漫产业困局［J］.小康（财智），2014(7).

作和销售。在动漫产品抢占市场成功以后，它们会进一步开发延伸产品，出售动漫形象，延长产品的生命周期。这一切能够顺利运转的前提是一个优良的知识产权保护的大环境和企业营销运作的能力。因为中小微企业为主，所以我国动漫产业的企业淘汰率特别高。一旦市场波动较为强烈，很多中小微企业就会顶不住压力崩盘。

第四，国家为了扶持动漫产业的发展，实施了一系列扶持政策，如进行动漫企业认定，实施动漫品牌保护计划，设立"五个一"精品工程，国家动漫精品工程等奖项，出台动漫企业的相关税收政策等。这一系列的扶持政策都将为我国动漫产业的发展提供助力。这个时期国家从政策的角度推动动漫产业的发展，动漫市场的发育也依旧存在潜力，但是青少年市场的潜力并未被完全开发出来。对于"80后"和"90后"来说，他们的青少年时期充斥的是日本的动漫作品，比如《灌篮高手》一类的热血动漫和《美少女战士》一类的少女动漫，而我国的动漫产品在青少年市场中的影响力微乎其微。

三、动漫 3.0 时代：精品化和品牌化发展趋势

从 2013 年至今，动漫产业都处于动漫 3.0 的提升时代。进入 3.0 版本的时代之后，随着智能手机的不断普及，PC 端互联网和移动互联网的发展，动漫产业找到了一个新的平台，动漫作品可以直接面对观众。动画电影《大鱼海棠》的高关注度大部分都是源于制作方在互联网上发布的一则预告片，吸引了大量的粉丝。而《西游记之大圣归来》的火爆也是因为良好的口碑吸引的"自来水"军在互联网上的强势宣传。互联网也为动漫的创作者们提供了一个非常好的平台。创作者们通过在互联网上展示自己的作品吸引粉丝，再通过网络进行相关产品的销售。很多专职的插画师和漫画师都这么做。

插画师伊吹五月因为绘制《剑侠情缘网络版 3》游戏同人图而在网络

上收获了一批粉丝，并通过淘宝平台来销售自己的图册。同样的，插画师白茶也是因为创作了"吾皇"和"巴扎黑"两个非常受欢迎的卡通形象而受到一众粉丝的喜爱。因此，在动漫 3.0 的时代，互联网正在慢慢改变动漫产业园本传统的产业链条，以更加开放包容的平台推动动漫产业的转型升级。

动漫产业和互联网产业之间的融合发展与 2.0 时代不同的是门槛更高，淘汰率也更高，但品牌的发展空间更大，产业空间也更广。从电视动画片的角度来说，国家政策已经在进行调整，即走精品扶持路线。同时电视台的购片机制也在革新，质量好、有市场影响力的片子，价格会提到很高。典型的案例是《包强》电视动画片和《熊出没》的电视动画片，一分钟的独家播映权可达到数万元。与此同时，互联网和移动互联网市场使动漫的发展空间更大，漫画不再局限于纸媒，动画也不再局限于电视台，网络动漫的市场空间在未来将会非常巨大，而且盈利方式会增多。例如最近很火的《十万个冷笑话》，在前期便植入了"苏宁易购"的电商品牌；而《泡芙小姐》通过网络系列短片，既植入了汽车品牌，也衍生开发出自己的产品。[1]

动漫 3.0 的时代，动漫产业的发展将会呈现出如下几种趋势。

第一，以互联网为纽带，动漫和传统行业的融合愈加紧密，例如服装、玩具、文具、食品、饮料等快速消费品。将动漫形象的 IP 授权给各个传统产业以提升传统产业的文化附加值是动漫产业和传统行业融合发展的一种重要方式。美国迪士尼一直都在利用米老鼠、唐老鸭等卡通形象来与各类儿童生活用品行业相互合作，由此在扩大其品牌影响力的同时最大化这些卡通形象的内在市场价值。而在互联网时代，动漫形象的 IP 与传统产业的融合发展将会更加紧密。动漫形象将会成为手机的壁纸、App 的皮肤、PC 端软件的皮肤等等。生活的方方面面都将会与动漫形象深度结合。由于

1 国产动漫 3.0 时代，精品化和品牌化才能出头天［EB/OL］.(2013-10-16)［2015-12-5］.http：//chuansong.me/n/201912.

动漫产业自身的无实物性，因此，其自身与互联网产业的融合十分顺利。动漫产业提升了互联网产业的文化内涵，互联网丰富了动漫产业的产品类型和平台渠道。

第二，动漫与儿童游戏及教育的融合越来越紧密。前文已经说过，在很多国人的心中，中国的动漫产品大部分都只适合于低幼年龄段市场，而一直到近几年，很多动漫从业者才开始真正制作适合青年人和成年人观看的动漫作品。当然，儿童市场是动漫产业很重要的一个细分市场。随着互联网的大力发展，教育和互联网的融合、游戏和互联网的融合都在不断加深，动漫产品作为很好的载体可以帮助游戏和教育产业来吸引儿童的注意力。儿童教育与青少年和成人的教育不同，利用其感兴趣的动漫形象来达到寓教于乐的目的更加容易达成教育目标。同样的，利用儿童喜欢的动漫形象来吸引用户也是现在很多小游戏都会采用的一种方式。因此，就儿童市场来说，动漫产业与该市场的很多行业都存在深度融合的关系。

第三，动漫和新媒体、互联网、移动互联网的融合愈加紧密。互联网产业的不断发展为人民群众勾勒出了一个线上的虚拟世界。在这个线上的虚拟世界，人们也在不断地消费着各类产品。而在这些产品之中，动漫产业的产品和形象也作为其中的一类商品在出售，同时，动漫产业的形象也在不断丰富着互联网世界的各类产品。互联网为动漫产业提供了新的内容来源地和平台渠道。网络文学、网络游戏为动漫产业的从业者带来创作的灵感。而与此同时，动漫创作者们通过网络来展示自己的动漫作品，《罗小黑战记》这样的作品正是通过互联网的渠道才受到人们的关注，并由此传播到了其他渠道。动漫产业也在无形中为互联网产业的发展提供了内容资源。互联网产业自身是平台、是渠道而无法产生内容，动漫、文学、电影这些 IP 上游的产业为互联网产业提供内容。

第四，动漫产业与其他产业的融合愈加紧密。正如上文所提到的迪士尼与一般生活产业的融合。3.0 时代的动漫 IP 不仅仅是让动漫形象能够印刷在书包上、书本上和碗筷上，它是可以与产业链上下游自由转换的。产业链上游转换主要是动漫、电影、文学等内容产业相互之间的转换。动漫产业与产业链下游产品的 IP 转换主要是指一些衍生产品，比如动漫产品的周边、图册、手办等。与一般产业之间的转换则是对动漫产业链的进一步延伸。动漫产业与其他产业之间的融合将会成为未来动漫产业盈利的主要方式。

第五，3.0 时代的动漫产业需要依靠内容来塑造品牌，依靠动漫品牌的资源整合来实现盈利。3.0 时代不仅仅意味着渠道、平台的丰富化，也意味着内容的良莠不齐。有的高质量的内容可能会被过于庞杂的低质量内容所淹没，太过丰富的平台让人们无法快速辨别内容的高低。因此，在 3.0 时代动漫产业更加需要树立自己的品牌，品牌才是最强音。优质的品牌自身所附带的好的口碑能够在信息爆炸的现在为产品提供良好的宣传方式。同时，由于我国当前的动漫企业大都属于中小微企业，因此，对于一些动漫品牌资源的整合是当务之急。动漫品牌资源的整合有利于将资源聚合从而更好地发挥资源的优势。另外，动漫产品因为本身的无实物性在质量上的保证分量稍显不足，因此，强大的品牌是其发展的重要基础。

第六，动漫与大资本和大平台相融合，行业优势资源兼并整合将成为未来一定阶段的业态。目前，动漫产业以中小微企业为主体。因此，随着动漫产业的不断发展，行业之间的资源兼并整合是不可避免的。对于一些大型的动漫公司来说，随着自身的不断发展，需要的资源越来越多，这个时候就需要通过兼并一些中小微企业来拓展自身的实力。而对于中小微企业来说，自身所占有的资源很少，自身承受市场风险的能力也很弱，因此，与一些大企业进行合作，寻求大企业的庇护，不仅仅能够获得更多的资源，而且还可以躲避市场风险。伴随着资源整合的不断加强，动漫产业的发展将会进一步转型升级。

综上所述，3.0 时代是动漫行业马太效应凸显的时代，强者愈强，弱者愈弱。市场兼并整合是一个行业走向强大必不可少的阶段。因为这是靠动漫品牌赢得市场的时代,有品牌的影响力才会有产业链运作和资源整合的能力,才会受到投资机构的关注,才能够吸引被授权企业的合作,才能够做更多更大的事情。如果不能形成影响力,则很难立足,必被淘汰。[1]

对于当前的动漫企业来说,在做原创的前期,要重视系统的品牌策划,要有明确的市场定位,要有明确的内容创作方向,要让作品讲故事的能力大幅提升,让动漫形象更加具备个性。在这个过程中要抛弃原来闭门造车的做法,一边做内容,一边做推广,和受众人群充分互动起来,不要等到作品出来才去找市场、找受众。另外,要让真正专业的人来做专业的事,不要想着一个企业既能做原创又能做产品设计,还能做产品开发、销售与品牌营销。要把专业的环节交给专业的人和团队去做,而企业应该明确自己的竞争优势,做自己最擅长的事情。如何做好内容,做出影响力,如何让产品形象进行产品化开发,如何去做品牌的规划,如何去做好自己的营销和推广,这些都需要企业去踩好节奏,整合好资源。[2]

1 国产动漫 3.0 时代,精品化和品牌化才能出头天 [EB/OL].(2013-10-16) [2015-12-20]. http://chuansong.me/n/201912.
2 国产动漫 3.0 时代,精品化和品牌化才能出头天 [EB/OL].(2013-10-16) [2015-12-20]. http://chuansong.me/n/201912.

第三章

互联网思维与
游戏化思维的交融

互联网的发展并不仅仅是技术上的创新与改进，还蕴含着新的思维方式。正如近代科学的发展让理性的、科学的权威取代了神学的、宗教的权威，互联网技术的发展也将通过其互联、互通、立体、跨界等特性推动着新的思维变革，而形成新时期的"互联网思维"。同时，随着人类的发展，人类逐渐以一种游戏精神来看待这个世界。而今，当互联网思维与游戏化思维交融，动漫游戏产业的商业思维又将迸发出怎样的火花呢？

互联网的发展并不仅仅是技术上的创新与改进，还蕴含着新的思维方式。正如近代科学的发展让理性的、科学的权威取代了神学的、宗教的权威，互联网技术的发展也将通过其互联、互通、立体、跨界等特性推动着新的思维变革，而形成新时期的"互联网思维"。同时，随着人类的发展，人类逐渐以一种游戏精神来看待这个世界。而今，当互联网思维与游戏化思维交融时动漫游戏产业的商业思维又将迸发出怎样的火花呢？

Web 1.0 时代，互联网思维是单向性的，主要围绕渠道和平台为中心进行信息展示。这是中国互联网的门户时代，新浪、搜狐、网易等门户网站主要是向用户提供海量信息。对应的是动漫游戏 1.0：人—机交互模式。

Web 2.0 时代，互联网思维是双向性的，主要围绕双向互动的社交为中心进行信息交互。这是中国互联网的搜索或社交时代，博客中国、新浪微博、人人网等网站实现人与人之间的双向互动，开启了用户生产内容的时代。对应的是动漫游戏的 2.0：人—人交互模式。

Web 3.0 时代，互联网思维进入了大互联时代的思维。信息的交互实现人与人之间的交互、人机交互以及多个终端交互，因此，开启了一个新的互联网时代，也需要对互联网思维进行重新解读。

第一节　互联网思维是什么

当下，互联网已经成为现代社会的基础设施之一，渗透到我们生活的方方面面。互联网不仅仅是可以用来提高效率的工具，它更成为颠覆现有商业模式的触发点。人人都在谈互联网思维，到底什么是互联网思维？

最早提出互联网思维的是百度公司创始人李彦宏，他提出无论什么行业，思维方式要逐渐用互联网的方式去想问题。海尔集团张瑞敏认为，互联网思维是零距离和网络化的思维。360 公司创始人周鸿祎提出互联网思维是一种全新的价值观，有四个关键词。第一，用户至上：在互联网经济中，用户只要用你的产品或服务，那就是上帝。很多产品不仅不要钱，还把质量做得特别好，甚至倒贴钱欢迎人们去用。第二，体验为王：只有把一个东西做到极致，超出预期才叫体验。第三，免费的商业模式：硬件也正在步入零利润时代。硬件以成本价出售，零利润，然后依靠增值服务去赚钱。第四，颠覆式创新：你要把东西做得便宜，甚至免费；把东西做得特简单，就能打动人心，超出预期的体验上的呼应，就能赢得用户，就为你的成功打下了坚实的基础。[1]

互联网思维是指在（移动）互联网、大数据、云计算等科技不断发展

1　白雪，周鸿祎.互联网思维是常识的回归［N］.中国青年报，2014-10-8.

的背景下，对市场、对用户、对产品、对企业价值链乃至对整个商业生态进行重新审视的思考方式。根据和君咨询的报告，互联网思维通常而言包括：用户思维、简约思维、极致思维、迭代思维、流量思维、社会化思维、大数据思维、平台思维、跨界思维。

用户思维、大数据思维贯穿整个价值链条的始终；简约思维、极致思维、迭代思维主要体现在产品研发、生产和服务环节；流量思维、社会化思维主要体现在销售和服务环节；平台思维体现在战略、商业模式和组织形态层面；跨界思维主要基于产业层面。

一、用户思维

互联网思维，最重要的就是用户思维。用户思维，是指在价值链各个环节中都要"以用户为中心"去考虑问题。互联网消除了信息不对称，使得消费者掌握了更多的产品、价格、品牌方面的信息，互联网的存在使得市场竞争更为充分，市场由厂商主导转变为消费者主导，消费者主权时代真正到来。

首先，要找准消费者群体，考虑消费者的消费特征、偏好和消费心理，做好产品的设计和定位。其次，要在品牌和产品规划层面考虑消费者的需求，提供到位的参与感，要让用户参与产品开发。或是按需定制，厂家提供满足用户个性化需求的产品，如海尔的定制化冰箱；或是在用户的参与中去优化产品，如服装领域的淘品牌"七格格"，每次的新品上市，都会把设计的款式放到其管理的粉丝群组里，让粉丝投票，其群组有近百个 QQ 群，辐射数万人，这些粉丝决定了最终的潮流趋势，自然也会为这些产品买单。

在品牌与消费者沟通的过程中，要遵循"用户体验至上"。

用户体验是一种纯主观、在用户接触产品过程中建立起来的感受。好的用户体验，应该从细节开始，并贯穿于每一个细节，这种细节能够让用户有所感知，并且这种感知要超出用户预期，给用户带来惊喜。互联网公司的产品经理们日夜不停地泡在网上研究用户的使用习惯。历史上似乎从来就没有哪一个大众消费品行业像互联网行业如此重视过用户的感受。

"用户体验至上"应该贯穿品牌与消费者沟通的整个链条，说白了就是"让消费者一直爽"。微信新版本对公众账号的折叠处理，就是很典型的"用户体验至上"。

品牌建设的过程，就是打造用户体验的过程。所有环节的产品或服务，都是为了实现用户体验的目标。

可以说用户思维涵盖了最经典的品牌营销的 Who-What-How 模型，Who 指的是目标消费者；What 指的是针对目标消费者需求，兜售怎样的参与感；How 是指怎样实现用户体验。

二、简约思维

在互联网信息爆炸的时代，消费者的选择太多，选择时间太短，用户的耐心越来越不足，而转移成本太低。线下一家门店出来再进入下一家，线上只需要点击一下鼠标，转移成本几乎为零。所以，必须在短时间内抓住消费者。简约思维，是指在产品规划和品牌定位上，力求专注、简单；在产品设计上，力求简洁、简约；产品线的规划，要专注。

苹果就是典型的例子。1997 年苹果接近破产，乔布斯回归，砍掉了70% 产品线，重点开发 4 款产品，使得苹果扭亏为盈，起死回生。2007年，苹果推出了第一款 iPhone，即使到了 5S，到了"土豪金"，手机也只有 5 款。这里要说明一下，这里的专注是指为了做成一件事，必须在一定时期集中力量实现突破。品牌定位也要专注，给消费者一个选择你的理由。

最近很火的一个网络鲜花品牌，叫 RoseOnly，它的品牌定位是高端人群的"爱情唯一"。在这个网站的买花者需要与收花者身份证号绑定，且每人只能绑定一次，意味着"一生只爱一人"，这样的定位也就意味着放弃了团购、B2B、亲朋好友礼品的其他机会。其 2013 年 2 月上线，8 月份做到了月销售额近 1000 万元。

大道至简，越简单的东西越容易传播，越难做。大家能不能少做点事？能不能只做一件事情？少就是多，专注才有力量，专注才能把东西做到极致。尤其在创业时期，做不到专注，就没有可能生存下去！

在产品设计方面，要做减法。外观要简洁，内在的操作流程要简化。谷歌首页永远都是清爽的界面，苹果的外观、特斯拉汽车的外观，都是这样的设计。

三、极致思维

极致思维，就是把产品和服务做到极致，把用户体验做到极致，超越用户预期。互联网时代的竞争，只有第一，没有第二，只有做到极致，才能够真正赢得消费者，赢得人心。

用极限思维打造极致的产品。方法有三条：第一，"需求要抓得准"（痛点，痒点或兴奋点）；第二，"自己要逼得狠"（做到自己能力的极限）；第三，"管理要盯得紧"（得产品经理得天下）。

好产品是会说话的，是能够自传播起来的，因为"一切产业皆媒体"，"人人都是媒体人"，在这个社会化媒体时代，好产品自然会形成口碑传播。尖叫，意味着必须把产品做到极致；极致，就是超越用户想象！

除了产品本身，服务及其他产品周边的体验，也同等重要。在服务环节，也要做到极致。

阿芙精油是知名的淘宝品牌，有两个小细节可以看出其对服务体验的极致追求：①客服 24 小时服务，使用 Thinkpad 小红帽笔记本工作，因为使用这种电脑切换窗口更加方便、快捷，可以让消费者少等几秒钟。②设有"CSO"，即首席惊喜官，每天会在顾客留言里寻找，猜测哪位顾客可能是一个潜在的推销员、专家或者联系人。找到之后，他们就会询问地址寄出包裹，为这个可能的"意见领袖"制造惊喜。

海底捞也是一个服务做得很好的企业，其服务理念受到很多人推崇。但是在互联网思维席卷整个传统行业的浪潮之下，如果海底捞不能用互联网思维重构企业的话，可能真的是"海底捞"了。

四、迭代思维

"敏捷开发"是互联网产品开发的典型方法论，是一种以人为核心、迭代、循序渐进的开发方法，允许有所不足，不断试错，在持续迭代中完善产品。

互联网产品能够做到迭代主要有两个原因：①产品供应到消费的环节非常短；②消费者意见反馈成本非常低。

这里面有两个点，一个是"微"，一个是"快"。"微"，要从细微的用户需求入手，贴近用户心理，在用户参与和反馈中逐步改进。"可能你觉得是一个不起眼的点，但是用户可能觉得很重要"。360 安全卫士当年只是一个安全防护产品，后来也成了新兴的互联网巨头。

"天下武功，唯快不破"，只有快速地对消费者需求作出反应，产品才更容易贴近消费者。社交（Zynga）游戏公司每周对游戏进行数次更新，小米 MIUI 系统坚持每周迭代，就连雕爷牛腩的菜单也是每月更新。

一个微创新是改变不了世界的，需要通过持续不断的微创新。

那么传统企业能不能迭代？怎样构建自身产品或服务与消费者沟通的迭代机制？这里的迭代思维，对传统企业而言，更侧重在迭代的意识，意味着我们必须及时乃至实时地关注消费者需求，把握消费者需求的变化。

五、流量思维

流量意味着体量，体量意味着分量。"目光聚集之处，金钱必将追随"，流量即金钱，流量即入口，流量的价值不必多言。

互联网产品，免费往往成了获取流量的首要策略，互联网产品大多不向用户直接收费，而是用免费策略极力争取用户、锁定用户。淘宝、百度、QQ、360都是依托免费起家。

免费模式主要有两种；第一，基础免费，增值收费；第二，短期免费，长期收费。"免费是最昂贵的"，不是所有的企业都能选择免费策略，因产品、资源、时机而定。

流量怎样产生价值？量变产生质变，必须要坚持到质变的"临界点"。任何一个互联网产品，只要用户活跃数量达到一定程度，就会开始产生质变，这种质变往往会给该公司或者产品带来新的"商机"或者"价值"，这是互联网独有的"奇迹"和"魅力"。QQ若没有当年的坚持，也不可能有今天的企业帝国。注意力经济时代，先把流量做上去，才有机会思考后面的问题，否则连生存的机会都没有。

六、社会化思维

天猫启动了"旗舰店升级计划"，增加了品牌与消费者沟通的模式。同时，也发布了类似微信的产品"来往"，这也证明了社会化商业时代已经到来，互联网企业纷纷加速了布局。

社会化商业的核心是网，公司面对的客户以网的形式存在，这将改变企业生产、销售、营销等整个形态。举个例子，有一个做智能手表的品牌，通过10条微信，近100个微信群讨论，3000多人转发，11小时预订售出18698只土曼T-Watch智能手表，订单金额900多万元。

这就是微信朋友圈社会化营销的魅力。社会化媒体应该是品牌营销的主战场，口碑营销的链式传播速度非常之快。以微博为例，小米公司有30多名微博客服人员，每天处理私信2000多条，提及、评论等四五万条。通过在微博上互动和服务让小米手机深入人心。但有一点要记住，不是用了社会化媒体就是口碑营销，口碑营销不是自说自语，一定是站在用户的角度、以用户的方式和用户沟通。

众包是以"蜂群思维"和层级架构为核心的互联网协作模式，意味着群体创造，不同于外包、威客，更强调协作。维基百科就是典型的众包产品。传统企业要思考如何利用外脑，不用招募，便可"天下贤才入吾彀中"。

noCentive网站创立于2001年，已经成为化学和生物领域的重要研发供求网络平台。"创新中心"聚集了9万多名科研人才，宝洁公司是"创新中心"最早的企业用户之一。该公司引入"创新中心"的模式，把公司外部的创新比例从原来的15%提高到50%，研发能力提高了60%。宝洁目前有9000多名研发员工，而外围网络的研发人员达到150万人。

小米手机的产品研发，让用户深度参与，实际上也是一种众包模式。

七、大数据思维

易欢欢、赵国栋等人写的《大数据时代的历史机遇》，全面阐述了大数据的来龙去脉和产业效应，并提出"缺少数据资源，无以谈产业；缺少数据思维，无以言未来"。大数据思维，是指对大数据的认识，对企业资产、关键竞争要素的理解。

用户在网络上一般会产生信息、行为、关系三个层面的数据，比如用户登录电商平台，会注册邮箱、手机、地址等，这是信息层面的数据；用户在网站上浏览、购买了什么商品，这属于行为层面的数据；用户把这些商品分享给了谁、找谁代付，这些是关系层面的数据。

这些数据的沉淀，有助于企业进行预测和决策，大数据的关键在于数据挖掘，有效的数据挖掘才可能产生高质量的分析预测。海量用户和良好的数据资产将成为未来核心竞争力。一切皆可被数据化，企业必须构建自己的大数据平台，即使小企业也要有大数据。数据资产成为关键竞争力，乃至核心竞争力。

在互联网和大数据时代，客户所产生的庞大数据量使营销人员能够深入了解"每一个人"，而不是"目标人群"。这个时候的营销策略和计划，就应该更精准，要针对个性化用户做精准营销。

银泰网上线后，打通了线下实体店和线上的会员账号。在百货和购物中心铺设免费 Wi-Fi。这意味着，当一位已注册账号的客人进入实体店后，他的手机连接上 Wi-Fi，后台就能认出来，他过往与银泰的所有互动记录、喜好便会一一在后台呈现。当把线上线下的数据放到集团内的公共数据库中去匹配，银泰就能通过对实体店顾客的电子小票、行走路线、停留区域的分析，来判别消费者的购物喜好，分析购物行为、购物频率和品类搭配的一些习惯。这样做的最终目的是实现商品和库存的可视化，并达到与用户之间的沟通。

八、平台思维

互联网的平台思维就是开放、共享、共赢的思维。《失控》这本书在互联网圈内很流行，讲述的外部失控，意味着要把公司打造成开放平台；内部失控，就是要通过群体进化推动公司进化，在公司内部打造事业群机制。

平台模式最有可能成就产业巨头。全球最大的 100 家企业里，有 60 家企业的主要收入来自平台商业模式，包括苹果、谷歌等。平台盈利模式多为"羊毛出在狗身上"，不需要"一手交钱，一手交货"。

平台模式的精髓，在于打造一个多主体共赢互利的生态圈。将来的平台之争，一定是生态圈之间的竞争，单一的平台是不具备系统性竞争力的。BAT（百度、阿里、腾讯）三大互联网巨头围绕搜索、电商、社交各自构筑了强大的产业生态，所以后来者如 360 其实是很难撼动的。

传统企业转型互联网，或者新的互联网公司创业，当你不具备构建生态型平台实力的时候，那就要思考怎样利用现有的平台。马云说："假设我今天是'90 后'重新创业，前面有个阿里巴巴，有个腾讯，我怎么办？第一点，我如何利用好腾讯和阿里巴巴，我想都不会去想我会跟它去挑战，因为今天我的能力不具备，心不能太大。"

互联网巨头的组织变革，都是围绕着如何打造内部"平台型组织"。包括阿里巴巴 25 个事业部的分拆、腾讯 6 大事业群的调整，都旨在发挥内部组织的平台化作用。海尔公司近年来一直在开展"人单合一"，将 8 万多人分为 2000 个自主经营体，让员工成为真正的"创业者"，在海尔的大平台上自己寻找创业机会，同时配合内部的风投机制，或者员工自己到社会上组织力量，成立小微公司，就是要发挥每个人的创造力，让每个人成为自己的 CEO。

内部平台化，对组织要求就是要变成自组织而不是他组织。他组织永远听命于别人，自组织是自己来创新。

九、跨界思维

互联网和新科技的发展，纯物理经济与纯虚拟经济开始融合，很多产业的边界变得模糊，互联网企业的触角已经无孔不入，包括零售、制造、图书、金融、电信、娱乐、交通、媒体等。互联网企业的跨界颠覆，本质是高效率整合低效率，包括结构效率和运营效率。

跨界洗牌，未来的行业竞争，一场跨界分金的盛宴正在开始。

例如移动说，做了这么多年，现在才发现，原来腾讯才是竞争对手。

很多公司赖以生存的收费主营业务，在跨界竞争者进入行业后免费提供的冲击下，多年经营的业务最后一朝溃败。

所以，最后一个法则：用互联网思维，大胆颠覆式创新。

不论是传统企业，还是互联网企业，都要主动拥抱变化，大胆地进行颠覆式创新，这是时代背景的必然要求。要成为能够同时在科技和人文的交汇上找到自己定位的人；要成为手握用户和数据资源，能够纵横捭阖敢于跨界创新的组织。

李彦宏说：互联网和传统企业正在加速融合，互联网产业最大的机会在于发挥自身的网络优势、技术优势、管理优势等，去提升、改造线下的传统产业，改变原有的产业发展节奏，建立起新的游戏规则。

互联网9个典型思维将重塑企业价值链，涉及商业模式设计、产品线设计、产品开发、品牌定位、业务拓展、售后服务等企业经营所有环节。

第二节　游戏思维是什么

如果细心观察就会发现，在我们生活中的教育、传媒、社交、消费等各个方面，都已经融入了游戏的元素：益智类、休闲类、挑战类，它们已经在某种程度上摆脱了浪费时间、玩物丧志的标签，转而成为我们在"艰苦工作中主动趋向于乐在其中"的途径。[1] 可以说，在游戏当中形成的规则意识，让每一个个体的参与性更强，社交化程度也更高，合作意识也更主动，从而形成了一个充满活力的孵化器。

《游戏改变世界》的作者简·麦戈尼格尔说："当我们不得不面对难以好转的严峻现实时，优秀的游戏能帮助我们更好地应对。"在游戏中享受人生，在玩的过程中没准就改变了这个世界，让我们生活的环境变得更有趣。实际上，我们的人生不就是一场充满各种规则和玩家的世界吗？毫不夸张地说，游戏是人性集合器，游戏史就是人类史。

游戏缺少单纯的主义可谈。人类在孩童时期，无需学习、无需培养，每个人在不经意间就会把与生俱来的游戏默契表现得丝丝入扣。游戏是人为主导的，游戏是交互、生动、有感情的。长大之后，游戏的任何精神必须靠虚拟的辅佑才能完美地再现儿童经验。鲍勃洛夫在《生活空间》中

1　游戏早已融入生活　世人每周花 32 亿小时玩游戏 [J].新周刊，2013(12).

说："浪漫主义以奇异的幻想，使通往遥远地方的道路成为回到被忘记了的本原的道路。"西西弗神话也早就包含了游戏的一些要素：我们整个就是在巨大的游戏引力中走过来。在这个星球上，若是能找出生活最不能离开的诱因，游戏便是其中之一。在发现了爱情、打猎的重要性和太阳系的永恒不变之后，接下来就是游戏的精神了。

一、游戏思维的概念

游戏的本质不是娱乐，而是人性与设计的融合。数以百万计的人们之所以沉迷于电脑、游戏机、手机、平板电脑或是社交网站上的游戏，是因为那些游戏是设计者们在借鉴了人类几十年的现实社会经验和心理学的研究成果后，严格而巧妙地设计出来的。

游戏化思维指的是利用现有资源创建出引人入胜的体验，从而驱动参与者做出你想要的行为。而运用游戏思维的过程就是一种游戏化，游戏化以"吸引"为目的，而非玩家思维——单纯的赢或输。

（一）游戏机制来自人类欲求

游戏化机制中通常有下列几个元素：分数、等级、挑战、实体奖品、领先榜单、赠礼，与人类欲求中的基本因素对应的是：奖赏、地位、成就、个人表现、竞争、利他。[1]这些需求根植在我们的脑海中，跨地域文化种族性别，为全人类共有。而游戏化机制中的单个因素对人却能产生多个方面的影响。任何一个人类自身欲求都与深层内驱相关。

20世纪80年代，美国心理学家阿德华·戴瑟德西（Deci Edward L.）和理查德·瑞安（Ryan Richard M.）提出了关于"人类自我决定行为的"动机

1　Gamification 101：An Introduction to the Use of Gamification-Bunchball.

过程理论。[1] 它将人们的需求分为三类：能力需求，又叫掌控力，意味着积极处理与外部环境的关系的能力。关系需求，即与家庭成员、朋友以及他人互动的普通愿望。自主需求，人的天生使命，与个人价值观相统一。

　　游戏是自我决定系统的完美诠释——玩家都是自愿的，比如从数独挑战中获取满足感，或是在照片分享中获取互动交往的意义……明白了游戏是人的内在需求，那么，在商业中应用游戏化思维也就顺理成章了。从人的角度出发，才是企业应用游戏化思维去变革商业的最根本意义。以人为本，才能走得越远。

（二）游戏是人性的集合器

　　早在 2013 年，在很多城市的角落都出现了一种"密室游戏"，在沿海发达城市，甚至出现了全机械自控的密室。与此同时，索尼和微软的新一代的游戏机也早早就开始预订，亚马逊上出售的 PS4 在 5 天内就断货了。以《侠盗猎车手 5》为例，3 天 10 亿美元销售额，而该游戏在中国却遭遇了滑铁卢。究其原因还是《侠盗猎车手 5》的故事设定：游戏中的三个主人公分别是银行劫匪、毒品分销商和黑帮成员，他们是社会阴暗面的代表。在这款游戏中，玩家可以操作这几个虚拟人物在虚拟的世界里随意杀人放火，当然，他们也能像常人一样生活。生活里的元素随处可见，除了道德。

（三）游戏制造了改变世界的契机或灵感

　　《纽约时报》称："全球人每周花在游戏上的时间已经超过 32 亿小时"。[2] 科学杂志《心理学、行为和社会网络》发起的一次在线调查结果显示："在各大公司的 CEO、CFO 和其他高层管理人员中，有 61% 的人每天

1　张爱卿.20 世纪动机心理研究的历史探索 [J].华中师范大学学报 (人文社会科学版)，1999(3).

2　游戏早已融入生活　世人每周花 32 亿小时玩游戏 [J].新周刊，2013(12).

会特意在工作期间挤出时间玩游戏。"

不仅仅是现代，历史上，游戏也以各种方式记载着人类文明：比如因游戏而生的地标性建筑古希腊歌剧院和古罗马竞技场。记载人类文化的介质也从图画到文字、到图像技术、到胶片磁盘，再到电子游戏。电子游戏与前面的媒介都不一样，它让人们对游戏体验的感知更加主观，也能更容易地植入对人类文化的解析，例如《大航海时代》，只有翻遍世界地图才能玩出水平，《极品飞车》要对各种车型了如指掌，《FIFA》是球迷的天下，《文明》更是直接展现了人类文明的发展历程。[1]实际上人一直都生活在一个充满游戏和玩家的世界里。

有很多名人也痴迷于游戏。拿爱因斯坦来说，他最爱的游戏是国际象棋，这种运筹帷幄的感觉让他沉溺其中无法自拔。如何利用资源、掠获财产、争抢领地，都可以在精心布置的策略网下得到不同的实现。1921 年，爱因斯坦获得诺贝尔物理奖时就表示："游戏是调查研究的最高形式。"根据这一论断，在 2007 年诞生了游戏《假如世界没有石油》，该游戏的背景是所有的玩家都处在一个石油资源极其紧缺的环境中，需要一起想办法解决出路。游戏甚至用真实的数据测算出在人类社会里，石油最多只能再用上 200 年，警告人类二氧化碳排放过多，会对生态带来破坏作用。

因此，真正的好游戏激励玩家主动挑战障碍，即使我们要付出艰苦的智力和体力，却依然乐在其中，因为最终的成就心满意足，说不准还能成为拯救这个世界的一份子。

二、游戏思维的核心

游戏思维关注的核心在于：有效的激励机制，有趣的目标，明确的规则。

1　游戏，人性的集合器［EB/OL］.(2013-12-6)［2015-10-30］.http://www.xinli001.com.

（一）有趣的目标

所有游戏开发的目的都是一样的，就是开发一个有趣的游戏，每个游戏开发团队最初也是最终的目标，就是创造一款有趣的游戏。人们怎样能感到有趣呢？例如：获取胜利，打败别人、比别人强；解决一个问题，完成一个挑战；休息和放松；团队协作；外界的认可；经验和物质的不断积累；惊喜；白日做梦；分享；扮演陌生的角色；定制化。所有这些乐趣都被设计、利用，使得游戏的目标，变得让玩家感觉开心。

早期单机时代的游戏系统简单，目标设计也较简单，但随着网络的发展，网络游戏系统复杂而庞大，数十、上百个的功能系统，多条主线贯穿游戏始终，开始有了各种层级的目标。不同目标相互嵌套，小目标服务中等目标，中等目标服务大目标，各个大目标之间的小目标与中等目标再相互嵌套，每个目标都能吸引玩家眼球，符合玩家欲望，能激发起他们对游戏的兴趣，乐于体验游戏，去完成游戏所设置的任务。

热门的《植物大战僵尸》，有冒险模式和生产模式两个互不关联的游戏系统。一般玩家都选择努力通关冒险模式，而对于生存模式，则需要另外一些有趣的小目标。例如打到 50 关，就可以得到玉米加农炮，这就是设置大目标里面的小的、有趣的、对玩家有吸引力的目标，将游戏里的数字转换为游戏里的商品，从而激发玩家的欲望。

《Magic》游戏的目标就是在魔法斗争中打败对手，或者以更机制化的角度来说，将他的生命值从 20 变成 0。非常有趣、非常清晰。但玩家是否能够凭借装饰、毒药或其他获胜条件取得胜利？这也是可以的，关键在于：第一，核心目标不会发生改变；第二，这些选择只是游戏整体体验的一小部分。可以说《Magic》这类庞大而灵活的游戏能够支撑若干获胜条件，是由于其目标非常清晰。

创造一款有趣的游戏是每个开发团队最初也是最后的目标。游戏多复杂将决定着它能吸引什么类型的用户，或者更重要的是将不能吸引什么类型的用户。

（二）有效的激励机制

游戏之所以吸引人，就是因为其激励机制能有效地唤起用户的欲望。来自德国的心理学家 Kurt Lewin 的著名的 Lewin 公式：$B=f(P. E)$，它指出人类的行为是来自个人和环境共同因素影响而决定的，也就是说，游戏用户的行为，即代表了他的个人特点，同时也代表了他在游戏中的社会化关系情况。在这里，游戏就是公式中所说的环境。社会化情况就是指用户在游戏中的一系列社会化关系。在这种游戏环境下，用户的激励机制在唤起人类原始本能外，还包括了拥有更多的朋友以及获得圈子的认同。

众所周知，所有应用系统都会从机制上想尽办法鼓励使用者持续不断地参与，或者会鼓励用户去寻找到更好的玩法，以帮助其他用户获得更好的体验，并且使得整个系统的应用水平得以提升。聪明的开发商们意识到这一点，并且把所有对于用户来说烦琐的、额外的过程全部归类，放到了另一边，以使整个游戏过程顺畅有趣，并且还给玩家提供了更好的回报激励机制。

现在不单游戏，很多网站也开始有效运用游戏机制激励用户行为。

例如著名的 Facebook 网站，在 Facebook 的用户激励机制中，包括拥有更多的朋友以及获得圈子的认可。Facebook 网站上有随处可见的奖赏标志，能唤起人们最原始的本能，使人内心振奋。人们渴望在自己的社会圈子里获得认同，一个小小的激励，就可以使用户持续登录，更新状态，丰富个人资料，上传照片。另外，群组方式也在能使个人价值、风格以及个性得以体现。个人状态更新代表了用户是否在线。同样，玩游戏也可以给个人带来激励。公开的社会化交往互动方式，成了用户行使任何活动的背后动因，并且在某种程度上对他人发挥了影响。例如：Jane 的状态中显示：JANE 刚刚在农场游戏中获得了一个高分。这就极可能激励他的友邻也开始玩农庄游戏。而对在群组里获取高分的渴求使得用户不断地沉浸于更新Facebook。

再如 Google Image Labeler，这是一个为了研究用户搜索图片的使用习惯而推出的一个配对游戏，前身是 Luis von Ahn 的 ESP 游戏。游戏的方式很简单：随机选择两个在线用户成为游戏同伴，然后，用户随机选取一张图片，为该图片添加标签，如果和游戏同伴添加的标签一致，即可增加游戏积分，并进入到下一轮的 Image Label 游戏中。90 秒钟的游戏时间结束后，系统会显示得到的分数和标签过的图片及其出处。游戏潜在的意义在于，如果两个人都给这张图片起了同样的名字，那么这个名字应该是个好名字，也就有助于提高谷歌图片搜索的准确度。通过这样一种方式，谷歌可以更好地了解用户对图片打标签的习惯，从而总结出一定的规律，由此改善其图片管理软件 Picasa 或图片搜索服务。

（三）明确的规则

游戏规则是让玩家按照游戏设置来完成游戏过程。一个游戏设计师在游戏开发初始阶段就要考虑游戏规则的设计问题，要明确罗列玩家的操作范围和限制条件，使得完成游戏目标的过程不过于简单，变得富有挑战性。游戏规则的难易程度则直接决定了玩家对游戏的认可度和整个游戏的可玩性。

在制定规则时，要注意以下几点：规则要明确合理与犯规、成功与失败的界限。规则要指出对犯规者的处理方法。规则要有利于维护游戏的安全。规则不要订得太死、太复杂，同时规则必须是明确的，易于玩家学习的才能让玩家容易理解、顺畅体验。例如游戏的奖惩措施，游戏的积分算法，游戏的人物限制，游戏的排名规则，游戏的道具使用限制等。这些明确简单的规则，易于学习和遵守，才可以使游戏的可玩性大大提高。

三、游戏思维在游戏产业中的运用

（一）游戏中的用户思维

与游戏相似的是，营销也许要像设计游戏一样被设计。这二者有很多相似之处，他们都需要制定一种可以吸引用持续户参与、深入，并且产生长期依赖的营销方案。好营销如同好游戏，谁更能准确把握消费心理和消费动机，谁就更能实现成功"诱惑"、营造"情感共鸣"，最终为消费者提供慰藉或满足。

如何创造乐趣和关注点呢？举个例子。

瑞典有一家公园，他们为了培养人不乱丢垃圾的好习惯，在垃圾桶上花了不少心思：设计工程师在垃圾桶盖子上安装了运动探测器和扬声器，深 1.2 米的垃圾桶变成了百米高空，每当有人往里面扔垃圾，就会发出模拟物体高空坠落的呼啸声和撞地声。这一设计带来了很好的效果，他们的监控显示，许多人为了感受这种乐趣开始到处捡垃圾。[1]

这就是一个典型的用游戏思维来设计乐趣的例子。由此可见，通过创造乐趣可以实现许多现实目标，关键在于你怎么把握"乐趣"的定义。因此，游戏的思维运用就是一个理解消费者心理和行为的过程，谁能让消费者参与，玩得开心，谁就找到了成功的突破口。如果把消费者看作是玩家，把他们的目的看作是获得胜利，那么就可以设计一个永续的、不断增加乐趣的、极具黏性的互动过程。

因此，运用游戏思维实际上就是抓住了人类的心理动机。什么是人类的根本动机？笔者认为：竞争、成就与地位。而玩游戏可以满足这一切。因此，营销的设计也应适当让用户感到满足和成就，让他们参与其中并实现一定的目标，也可以通过积分升级等方式让他们感受到"地位"，用以衡量他的处境。更高级的就是情感、乐趣的概念了。

（二）游戏中的"诱导"思维

刚才我们说到要对消费者进行适当的"诱导"，行为经济学已经做过了许多研究，尤其在营销学中，最近几年甚至都深入到了对视觉、听觉、嗅觉、味觉等综合调动的"神经营销"的研究。除了把这些概念运

1　李原.游戏化思维如何改变营销？［J］.商学院，2014(7).

用到营销行为中去，还需要有时间积淀，时间越久，把握越准。保持对用户的持续刺激，即进行"生命周期管理"。就像玩游戏一样，玩家要从新手开始慢慢成长为高手，他需要突破每一个关卡（并且突破每一个关卡都会带给人喜悦感和成就感）。现实的营销也是如此，比如会员卡升级。

在这一过程中，大数据的作用非常关键。用户最初被什么吸引？通过什么渠道获取信息？被什么吸引？在哪一环节上放弃？这些都可以在大数据库里得到解答。迅速获取信息、迅速采取改进策略，这实际上也是游戏"量化思维"的一种体现。因此，"实时反馈"非常重要。王煜全认为："游戏中你在哪里掉了血，获得了什么成就，马上就会有所体现。生活中，人们对非实时的反馈越来越不敏感，对广告也越来越缺少兴趣，品牌提升其实是一个比较虚的东西。让用户扫描二维码，你可以马上知道用户的关注如何、参与怎样。"[1]

总而言之，运用游戏思维需要企业真正的思维转变以及用心的真操实练。我们正生活在一个自媒体的时代，只要提供一个平台，每个人都可以发言。"实时反馈"启示每一个企业重视平台的作用，只要用户参与，就有人气，就是一个场。知识竞答、优胜队竞猜、参与积分、提供排行榜、设计进阶等级，这些游戏化的营销手段会一波一波地推动企业的社会化营销进程。

生活即游戏，游戏及游戏思维将改变我们的生活。游戏是人的内在需求，它不仅可以成功地运用于商业、社交领域，更有可能深入到我们生活的每个细节中去。有人说，人类最没意思的事就是追求意义，每人对人生的定义又有所不同。从有意义到有意思，把各自的人生过得有意思这大概才是人生最大的意义。

那么，到底"谁玩谁"？现在还没有明确答案。我们就是生活在不

---

1 李原 . 游戏思维如何改变营销［J］. 商学院，2014(7).

同的游戏断层下，在一种晦涩的思考中艰难地维持日常习惯。而在现实生活中，随着科技的进步，越来越多的虚拟现实技术将游戏运用于生活的各个方面，或许未来某一天，我们的生活也会创造出一个个虚拟的游戏。

第三节　互联网思维在游戏产业中的运用

一、个性化思维——用户生成模式，人人都是创作者

我们已经进入一个快速消费的时代，一个人人参与生产的时代，人人都是设计师，人人都是创意师，人人都是裁缝，人人都是销售，人人都是消费者。他们越来越追求个性化，越来越追求自己的消费、自己做主，这是一个新的改变。

互联网平台不仅仅为专业的动漫游戏工作者提供了发展空间，普通民众利用互联网研发的软件，也能进行简单的创作、表达自己。

以暴走漫画为例，这是一个在线漫画制作与传播的工具，用户可以自行创作漫画，用以表达各种情绪。暴走漫画团队研发了"暴走日记""脑残对话制作器""图表制作器"等一系列供用户发挥创意的软件。"脑残对话制作器"就是剪辑电影或电视剧里的片段，把几张图拼成看似可以对话的多格图。

这种简单易用的创意软件，使得人人都可以方便快捷地制作属于自己的漫画，实现动漫表达。

二、碎片化思维——小、短、快

移动互联网的急速发展使得受众可以随时快速地获得信息、完成消费，人们在能够随时随地上网休闲娱乐的同时，也带来了快节奏碎片化的消费习惯。动画短片、小游戏等快节奏的文化消费方式得到大众青睐。一些能关联微信、微博的小游戏、小动画视频、小漫画，都受到欢迎，实现病毒式传播。

例如在微信上大热的"神经猫"、飞机大战，都激发起朋友圈比赛热潮，大家好胜心暴涨，为争取积分排名，投入很多的精力。

2014 年 7 月 22 日，"围住神经病猫"的小游戏刚上线就刷屏了微信朋友圈。这是一款类似五子棋的小游戏，不同的是，围堵的对象变成了一只"神经病猫"。当用户围堵住这只猫时，会出现一个分数值，显示你击败的全国人数比。

三、用户思维——从动漫游戏"作品"到动漫游戏"产品"的转变

用户思维是互联网思维的第一条，指在价值链各个环节中都要"以用户为中心"去考虑问题。互联网的包容性虽然让各种类型的动漫游戏低门槛进入，但同时也带来了信息的爆炸。如何让自己的受众准确快速知道并了解自己的作品并进行后续商业盈利成为一个大问题。因此，互联网浪潮中，动漫游戏的团队需要从动漫游戏"作品"向动漫游戏"产品"转变。策划、运作、宣发都需要专业的人员来运作。这种思维的转变，也是把"观众或玩家"当作"用户"来看待的转变。在价值链各个环节中都要"以用户为中心"去考虑问题。

《十万个冷笑话》便是一次巧妙的尝试，它验证了用户对于非严肃创

作的饥渴以及互联网时代短、平、快属性附加在动漫作品上的新鲜活力，从创作到营销的每一个细节都注重了用户的体验感和认同感。

四、粉丝思维——动漫游戏产品的粉丝经济学

互联网思维另一关键点就在于粉丝思维，粉丝思维的关键在于：

（1）如何重新定义品牌的理念和价值主张，吸引粉丝？

（2）如何将品牌的消费部落打造成粉丝温暖的精神家园？

（3）如何激发粉丝的激情和参与感？

意识到很多动漫游戏的消费者实际上都是动漫游戏的忠心粉丝，才能将目前的"政策本位思维"真正彻底转向"市场本位思维"。从末端的受众和消费者为痛点做行业倒推，最后再决定做什么样的内容和做什么样的授权、产品开发。同时，粉丝拥有巨大的能量，消费潜能无限。

例如腾讯打造明星 IP。从《尸兄》到《中国惊奇先生》，再到《山河社稷图》，一批批国产漫画原创精品在平台上应运而生，我们似乎在这个"点石成金"的互联网大鳄身上看到了国产漫画的希望，也看到了腾讯动漫在这条道路上探索开拓的决心和实力。大数据分析、强大的平台资源、国际化视野与判断（先后与迪士尼美漫、集英社日漫的合作），以 IP（知识产权）为核心的"泛娱乐"产业结构，延伸到动漫、游戏、文学、影视等多方面的业务布局。或许，腾讯动漫真的能成为漫画作者的服务者、圆梦者。

五、大数据思维——互联网平台成为本土动漫游戏的孵化器

大数据思维，是指对大数据的认识，对关键竞争要素的理解。

互联网平台无论是大型门户网站、视频网站还是社交媒体都纷纷在动漫和游戏上发力。效果也是显而易见的，互联网平台利用大数据对用户行

为进行深度挖掘，让大量被传统媒介抛弃的动漫游戏准确"推送"给观众或者说用户，对"弱势"动漫和游戏起到了孵化作用。

同时，互联网平台为动漫游戏的增值提供了可能性。基于对用户行为的大数据分析能够对动漫游戏的创作者提供指导，进而在接下来的创作中制作出更具吸引力的作品。

互联网平台在动漫游戏产业链方面也有明显的拉伸作用。爱奇艺、乐视等视频平台已开始嵌入电商、打通授权衍生品与观众消费的直接通道，从而瞬间完成购买行为、释放消费需求。

例如百度、阿里巴巴、京东等互联网企业也在积极布局。在可以预见的未来型互联网用户平台资源注入，客户端网络游戏的运营将进一步精细化发展，充分挖掘用户数据，强化对新用户的转化效果，这无疑将有利于加快客户端网络游戏行业用户规模的增长速度。

六、焦点思维——简单的形象，不简单的坚持

焦点思维是指认准方向和焦点以后，就要像钉子一样，死死地往那里使劲。

关键：① 如何做减法，找到焦点战略；②如何将焦点战略做到极致。

传统的动漫出品流程：杂志连载漫画——出版社集结成册出版——动画片、电影——周边产品，或者直接从动画片切入。而在互联网时代，传统的动漫出品流程被打破。依靠"先形象，后商业"的模式，表情动漫在网络和现实生活中得到了"病毒式的传播"。悠嘻猴、洋葱头、兔斯基、阿狸、张小盒等形形色色的表情动漫原先只是以一个动漫形象出现在互联网中，在网络上受到追捧后，它们进入市场消费领域：授权衍生品、为商品代言、出版图书等，免费的动漫表情也形成了较为完备的产业化操作。

例如北京梦之城文化有限公司，专注于以互联网的手法运作动画形象阿狸，围绕阿狸衍生绘本、周边产品、版权授权等盈利途径。

七、社会化思维——社会化媒体带来的低成本、高效率的营销

社会化商业的核心是网，公司面对的客户以网的形式存在，这将改变企业生产、销售、营销等整个形态。其中利用好社会化媒体，是互联网时代每个从业者必须掌握的营销技能。

传统的媒体推广成本高、效果差，但在互联网时代，借助社会化媒体，可以以特定的形式针对特定的人群，低成本高效果地完成一次社会化营销。《暴走漫画》《十万个冷笑话》都是借助微博、视频等新媒体赚足了口碑，最后批量化生产，取得了成功。

八、跨界思维——线上线下一起玩、互联网企业也成为动漫游戏的消费者

随着互联网和新科技的发展，很多产业的边界变得模糊。互联网企业为什么能够参与乃至赢得跨界竞争？答案就是用户。他们一方面掌握用户数据，另一方面又具备用户思维，自然能够挟"用户"以令"企业"。阿里巴巴、腾讯相继申办银行，小米做手机、做电视，都是这样的道理。

O2O 即 Online To Offline（在线离线或线上到线下），是指将线下的商务机会与互联网结合，让互联网成为线下交易的前台。动漫游戏产业也在积极利用这种形式，开启新的动漫游戏消费模式。

例如腾讯携地产巨头举办 QQ 游戏社区赛引领 O2O 社区娱乐新模式。首届 QQ 游戏社区赛，由网络游戏和房地产跨界合作，实现物业、居民、网络游戏产品的三方利益共同实现：物业本身就有为居民举办活动的业绩要求，而网络游戏产品本身也需要提高品牌知名度和带来更多新进用户。QQ 游戏携手地产巨头整合线上、线下资源，将新娱乐的体验率先带入一线城市社区，势必是要争当线上游戏转型发展的排头兵，实现 O2O 新娱乐

模式发展与和谐社区构建的双赢。

以卡通形象为媒介来向用户传递企业文化理念，往往更好沟通，尤其在宣传和促销方面。互联网时代，对品牌有了新的要求——记忆性和互动性，如何在海量的信息和品牌中被网民记住，成为互联网企业品牌塑造的重要问题，而卡通形象营销是好的手段。因为可视化符号更易深入脑海，比只停留在口头、文字上的品牌宣传效果要好。通过新媒体手段，卡通形象增值服务更得以提升。

似乎一夜之间，互联网各大巨头都有了自己的卡通形象代言人——天猫商城有黑猫、京东商城有小狗，还有腾讯的企鹅、搜狐的狐狸、赶集网的驴、途牛网的牛，连当当网也在不久前公布了新的卡通形象"当当猴"，霸气的市场占有率背后，卡通形象增值成势。

食品电商"三只松鼠"：通过三只可爱的小松鼠的形象，迅速使自己区别于其他干果企业，向消费者传递了其干果很好吃、深受小松鼠喜爱的感觉，这可能是多少广告都难以达到的效果。同时，它还为"三只松鼠开发了动画片和衍生产品，实现了传统企业在文化领域的产业链拓展。

九、社交性思维——互联网让动漫游戏更具社交性

互联网的精神之一就是分享，在独自一人面对电脑看动漫玩游戏时，我们也渴望分享、交流。这样，社交属性在动漫游戏的消费中越来越受到重视。在动漫方面，弹幕的出现得到许多人尤其是"90后"的追捧。实时评论为观看动画带来乐趣，甚至是漫画上也可以有吐槽。这种分享式吐槽的方式更给网站带来大量的用户流量，为网站后续盈利打下了基础。在游戏方面，游戏本身就带有社交属性，而互联网更加强化了这种属性，满足人们的社交需求。因为互联网打破了空间维度，使人们相隔万里也能在同一时间分享游戏带来乐趣，甚至有人提出"社交化是2014年手游最为重

要的发展方向之一"。社交属性能帮助游戏提高用户黏性，提升用户的付费意愿，改变游戏生命周期。

例如 NICO Douga 作为最知名的弹幕视频网站，吸引了大量动画观众，仅付费的高级用户，就在 2010 年突破 100 万名。国内影响力较大的弹幕网站主要有 AcFun、"哔哩哔哩"等。在视频观看过程中，弹幕评论的密度与视频内容的重要程度、趣味程度显著相关 (Saito, Isogai & Murayama,2010)，通过弹幕评论，动画受众不仅仅能够在观看过程中相互交流，也能够即时表达对动画及动画角色的感受。

第四章

3.0 时代的动漫游戏产业链

在互联网飞速发展的新阶段，动漫游戏产业的商业生态系统呈现出全新的相貌。动漫产业链已经不再局限于传统的从漫画到电视台、电影院放映，到音像制品开发，再到后期衍生品开发的单线发展模式。其在最初创作阶段就已经开始注意与多表现形式的市场主体以及社会其他领域的互动，从而形成多价值链的立体产业链。游戏产业的价值链也在版权方、内容方、渠道、用户等环节上相互拓展使游戏产业链逐渐形成网状态势。这种转变使得动漫游戏产业形成互动、共生的商业生态系统。

　　在互联网 3.0 时代，动漫游戏产业的商业生态系统呈现出全新的相貌。动漫产业链已经不再局限于传统的从漫画到电视台、电影院放映，到音像制品开发，再到后期衍生品开发的单线发展模式。其在最初创作阶段就已经开始注意与多表现形式、多市场主体以及社会其他领域的互动，从而形成多价值链的立体产业链。游戏产业的价值链也在版权方、内容方、渠道、用户等环节上相互拓展使游戏产业链逐渐形成网状态势。这种转变使得动漫游戏产业形成互动、共生的商业生态系统。

　　互联网以及智能设备的新载体时代的到来，不仅使上下游的动漫、游戏企业的联系更加密切，更让社交网络、网络运营商、智能终端开发商、动漫游戏爱好者等多个主体都参与到动漫游戏产业链中。这打破了以往动漫游戏产业的单线性产业链形态，而形成了互动、共生的商业生态系统。因为"互联网不仅仅是具备营销和传播功能的新媒体平台，还是技术平台、零售平台、娱乐平台、资源整合平台，是一个无边界的载体，而随着互联网技术的不断发展，其与生活的融合也越来越深，媒体功能之外的其他平台功能得到充分发挥。"[1]在 3.0 时代，动漫游戏产业链已经相对完整，日益成熟，而其与周边领域密切联系衍生出的新业态，更是逐渐跳出"娱乐"的窠臼，向"严肃"迈进。

1　2014 年互联网语境下的动漫产业新趋势 ［J］. 中国电视（动画），2014(60).

第一节　动漫产业链：从平面到立体

一、传统动漫产业链

17 世纪的亚当·斯密已用"制针"和"毛纺"的例子对产业链进行阐述，但其所指的产业链只是局限在制造企业的内部活动，即通过加工原材料，形成商品并传递给消费者的过程。"马歇尔后来把分工扩展到企业与企业之间，强调企业间分工协作的重要性，这可以称为产业链理论的真正起源。"[1] 而随后出现的价值链、供应链理论则进一步丰富了产业链的研究内容。迈克尔·波特在 1985 年于《竞争优势》中提出"价值链"这一概念，并将其定义为"企业的价值创造是通过一系列活动构成的，这些互不相同但又相互关联的生产经营活动，构成了一个不断实现价值增值的动态过程，即价值链"。[2] 基于这一理论，福建师范大学传播学院副教授谭雪芳在学术论文《不是产业链，而是价值网络——理解新媒体语境下动漫产业的新价值观》中，将产业链的概念概括为"是以分工和供需关系为基础构成的整体系统，往往体现两种基本的逻辑关系，即以产品供需、承接为主要特征

1　魏然.产业链的理论渊源与研究现状综述［J］.技术经济与管理研究，2010(6).
2　(美)迈克尔·波特.竞争优势［M］.陈小悦，译.北京：华夏出版社，1997：36-38.

的纵向逻辑关系和以产业同级产品为中心的横向协作关系，纵向关系是产业链关系的主体，按供需的先后逻辑关系，分为顺承式推移的上游产业、中游产业和下游产业，横向协作关系指产业的服务和配套。"[1]

中国动漫产业生产能力强，但精品却不多，能够像美国迪士尼那样充分利用内容拓展出多层价值链的动漫品牌更是少之又少，竞争力与影响力无法与日、美动漫相比。中国传统的动漫产业链实际上是一个单向的产业链，上游是漫画或动画片的生产，随后是电视、电影、书刊的发行出版，获得播出收入、票房以及书刊出版收入，然后是音像制品及衍生品的收入（如图4-1所示）。这些环节是纵向的、顺承式的。然而，这样的产业链是极易断裂的，某一环节出现的问题势必会影响到下一环节，从而影响到动漫品牌的形成，导致动漫衍生品市场的缺失。而作为品牌建设的关键——媒介——在中国的动漫市场上又常常遭遇尴尬境地。传统媒介狭窄的传播渠道阻碍了动漫的价值增值。在电视媒介，卡通频道并不多，而且多数是专门为未成年人开设的；影院为了收益，对动画电影的排片量也加以限制；动漫期刊则多因成本的日益上涨难以维持生计。

图4-1 传统动漫产业链

媒介受到的限制使得传统的动漫产业链呈平面化状态，传播渠道少，盈利能力弱，并且由于其单向的输出而没有与市场需求接轨，常常生产出大量不能够满足广大受众需求的作品。

中国动画学会副会长王英毫不讳言，中国动漫还没有一条明晰的产业化道路，一些动画导演根据自己的想法，把故事编出来，再根据故事去做营销和宣传，然后再去赌博市场，而国外多是先做市场调查，再决定拍摄内容。

---

1 谭雪芳.不是产业链，而是价值网络——理解新媒体语境下动漫产业的新价值观 [J].福建论坛（人文社会科学版），2014(6).

二、3.0 时代动漫新型产业链

麦肯锡报告《中国的数字化转型》中指出，目前中国经济的数字化转型是依赖于互联网的。企业通过互联网技术从产品的研发到渠道的传播都进行着生产效率的提升。预计互联网将助力中国经济发展，在 2013—2025 年对中国 GDP 增长总量中贡献达到 7%—22%。"今天互联网产业四处扩展，正使各行各业服务化，最终实现中国经济的数字化。"[1] 作为新媒介，互联网的出现也对传统动漫产业链进行了再造，它的意义已经突破了技术与渠道。通过打破壁垒、整合资源，3.0 时代的动漫产业链在价值的传递与积累过程中有了新的可能，甚至形成一种新的动漫生态。北京四月星空网络技术有限公司（有妖气动漫）创始人兼 CEO 周靖淇认为："一个新载体创造一个新生态，基于互联网尤其是智能设备的新载体时代来临了，在这个生态环境中，更重要的是关注用户的特性、需求、玩法是什么，然后据此打散原有的元素，打破思维局限，重新组合创造全新的内容。"[2] 当然，不仅仅是内容方面，互联网所特有的先进的技术、资本和理念为动漫产业的产业链各环节带来了质的改变。

（一）多表现形式的互动——ACGMN 互动

动漫产业的做大做强需要从一个核心创意中衍生出多重价值链，日本在这一方面走到了前面，形成了 ACGMN 文化。这种文化最开始仅是动画（Animation）、漫画（Comic）、游戏（Game）之间的相互改编、转化，即ACG 文化。而后，作为文字读物的小说（Novel）也加入到动漫、影像等

1 姜奇平."互联网＋"与中国的数字化转型［EB/OL］.(2014-7-31)［2015-12-9］.www.cnii.com.cn.

2 程丽仙.数字动漫：可能是新的动漫生态［EB/OL］.(2014-11-26)［2015-12-31］.http://www.qstheory.cn/.

娱乐产业中。由于动漫或游戏的片头曲、片尾曲及配乐常常受到二次元人群的追捧，因此，影视原声大碟及音乐广播类的音乐（Music）作品也参与到这个圈子中，由此而形成动画、漫画、游戏、小说和音乐这五种表现形式紧密联系的 ACGMN 文化。在中国，对于 M 的理解，也有人认为是电影（Movie）。胡峰、王晓萍、王红丽在其文章《基于 ACGMN 互动的动漫产业链的共生演化机制研究》中认为："ACGMN, 即 A 动画 (Animation)、漫画 (Comic)、游戏 (Game)、电影 (Movie) 和小说（Novel) 是构成大动漫产业的基础，它不仅拓展并完善了动漫产业的内涵与领域，而且还能深入挖掘多领域的价值，实现我国动漫产业的多链条发展。"[1] 其实，无论 M 是指音乐还是电影，都表明：一个好的动漫创意内容能够通过改编实现多种不同表现形式之间的相互转化。而这种转化使得多种表现形式均可以成为动漫价值链的开端，进而创造出更精彩的内容和更多样的观赏形式，满足更多的受众需求。如此，动漫市场范围被扩大，产业链中的不同分支能够在交错中实现更大的价值增值。在转化过程中，不同形式生产商直接能够相互协作，共同创作形象、研发产品、拓展营销渠道及丰富动漫衍生品，最终达到共赢的目的。这样的协作不仅能够让好的创意的商业潜能得到充分的开发，也提升了动漫不同表现形式之间的抗风险能力，提高该创意在市场上的竞争力与知名度。

互联网的到来则让这多种形式之间的互动变得更加容易，动漫价值链的开端及品牌的塑造在互联网时代得到重塑。具体体现在三个方面。

一是互联网的互动性、关联性变革了 ACGMN 的互动。数字技术的发展颠覆了动漫的制作过程。传统的动漫需先用画笔画出原稿，再利用摄影机、摄像机或电脑的逐格拍摄或扫描，然后，以每秒钟 24 帧或 25 帧的速度连续播映，形成逐渐变化着的动态画面。而今，数位板与动作捕捉器能够帮助动漫创作者直接用电脑设计出大量逼真的形象与动作，并以数字形

1　胡峰，王晓萍，王红丽.基于 ACGMN 互动的动漫产业链的共生演化机制研究 [J].电影艺术 ,2014(6).

式记录在计算机中，这大大提高了动画作品的生产效率和作品品质。同时，以数字形式记录的作品能够更加方便地编辑、修改，并在不同的媒介中进行转换，以多种媒介为载体进行呈现。另外，数字技术的发展衍生出丰富多样的数字媒介。数字媒介是由数字技术支持的信息传输载体，它的形式随着数字技术的进步不断变化。手机视频、IPTV 互动电视、移动数字广播、数字电影等媒介的出现使得动漫作品的传播范围突破了原有的狭隘渠道，走向更加广阔的受众市场，满足多种形式的受众需求。如今，报纸杂志、广播电视、互联网所依赖的技术越来越趋同，不同形式的媒介彼此之间的互换性和互联性得到加强。那么同样基于数字技术制作的创意内容就能够低成本地实现形式的转换，在丰富多样的媒介间自由变换，这也促进了创意内容的多种表现形式之间的互动。

2014 年，玄机科技与畅游联合研发 3D 次世代 RPG 手游《秦时明月 2》。这款游戏是基于大热的国产动漫《秦时明月》系列动画 IP 创作的。相比较于其他动漫 IP 的改编游戏作品，这款游戏很好地保留了《秦时明月》动画的原画画质和观赏体验，因为《秦时明月》TV 动漫从制作初期就使用 3D 引擎进行动漫创作。这种数字技术的运用为游戏的改编与制作打下了良好的基础。利用 Unity 3D 引擎研制的游戏《秦时明月 2》，把玄机科技动画创作时引擎中的关键数据无缝导入，从而实现《秦时明月 2》游戏画质与动漫画质的完美契合。可见，基于数字技术创作而成的创意内容能够很好地实现动漫形式与游戏形式的互动，从而更好地利用联动效应丰富动漫产业的产业链。

二是互联网利于动漫品牌建设，从而大大提高了 ACGMN 互动的可能性。首先，互联网强大的传播能力让动漫形象得到更快更广泛的传播。在互联网时代，动漫受众接受动漫的时间与空间在 Wi-Fi 的广泛覆盖及 4G 的普及下而不再受到约束。拥有电脑及移动端设备的用户均可以在网络环境中随时随地观看动漫，从而实现动漫作品的大范围传播，也为大量不能够在电视、电影院播放的精品动漫作品提供了与观众见面的机会。低成本且又具有良好传播效果的互联网平台使动漫形象的传播范围远远大于传统媒体时代，动漫品牌建设的渠道和方式也更加多样。其次，互联网的大数据与社交属性让动漫品牌建设更容易。如今，互联网上产生了许多优秀的网络平台，这些平台在信息互动方面推动着精品动漫的产生，如有妖气、漫客网、纵横动漫等网站。在这些网站中，动漫内容提供的主体变得多样，不管是专业的动漫内容提供商，还是民间创作团体，抑或是个人创作者，都能在网络平台中发布创作的作品。平台将利用自身的庞大的用户资源对作品进行推广。重要的是，通过点击率、讨论量、在其他网站的转载率、下载次数等互联网的大数据能够帮助动漫品牌的运营商进行品牌的管理或帮助投资者找到精品动漫 IP。而网民与创作者的互动交流能够让受众参与到动漫作品的创作和形象的设计中，实现动漫创作者和受众的双向互动。创作者不再是闭门造车，而是能不断获得受众反馈，创作出更加令人满意的作品。这让动漫品牌在受众的参与中变得定位更加准确，更加贴近市场需求。好的动漫品牌建立起来后，ACGMN 互动的可能性就变大，因为品牌形成后，消费者或用户就会围绕品牌形成消费经验，从而重复购买。

《秦时明月》品牌的建立历程中，互联网可谓起了相当大的作用，甚至有报道称"新媒体拯救了《秦时明月》"。的确，最初《秦时明月》第一部在央视播出的时候，虽然获得不少动漫迷的关注，但是影响力相比日本动漫来说依然是微不足道的。而从第二部开始，《秦时明月》团队看到了互联网媒体的优势，利用互联网与秦迷大量互动，最终使得第三部在众多精品日本动漫中杀出一条血路。《秦时明月之诸子百家》在进行电视渠道播放的同时在酷6网进行播映。网络播出 3 个月后，其点播量达到 1 亿，半年后达到 3 亿人次，并在网络的火热讨论中不断升温。等到《秦时明月之万里长城》创作完成时，五个视频平台竞购其网络播映权，最终播映权被土豆网以整体方案和千万元高价购得。除了网络播映，《秦时明月》团队利用互联网，建立官网、开通微博、在各个社交媒体网站在全国分地区建立《秦时明月》粉丝团并积极组织各种活动。这些活动牢牢抓住《秦时明月》粉丝的同时使其口碑满满，吸引更多受众。如其开展的"自由体诗征集"，鼓励秦迷对"秦时"故事中时代的感悟、人物的评价或是主题思想的提炼，以自由体诗的形式表现出来。活动结束后将选出的 40 个优秀作品以点题的形式，出现在《秦时明月之万里长城》每一集的开篇，并署上作者名字。这样的诱惑观众怎么能不积极参与呢？还有"《秦时明月》同人 MV 视频大赛"活动，即参赛者剪辑《秦时明月》动画视频配合任一音乐，再创作一个全新的 MV 即可参赛。自 2012 年 1 月 14 日开赛以来，每天都有很多视频通过微博及土豆网两个平台传到网上。其中不乏许多优秀的作品。这些通过互联网发起的活动极大地调动了其粉丝的积极性和创造力，也促进了该片的传播。《秦时明月》的总导演在一次访谈中也充分肯定了互联网对"秦时明月"这一品牌的培育塑造作用。

下面是记者采访《秦时明月》总导演沈乐平的对话。

记者：除了收入，新媒体还扮演怎样的角色？

沈乐平：我觉得对于一个品牌的建设来说，它和粉丝能够建立长期的感情维系和良好的互动是非常重要的。无论是像新媒体、像百度贴吧，包括后台提供的很多数据，使得我们不单纯是一厢情愿的艺术创作，而是结合了很多市场的数据分析和统计作出的相应调整。这个我想在大家熟悉的美剧中，这样大数据的概念是吻合的。我们比较早重视这些数据，包括区域、年龄、性别分布，通过网络可以更准确地反映出来。这样可以获得更详细的资料，让我们了解用户是谁、喜欢什么以及观影习惯，这对我们制作是很有帮助的。

在新媒体上，除了播放量，后台还有很多更专业的数据。比如用户打开了视频，看了一会儿关掉了。他没有看完，但也计算了点播量；又比如他看的时候多少次拖拽快进，这个数据对我们有参考价值，说明某些情节导致冷场或者拖沓。结合到我们在电影中采用的弹幕技术，其实在互联网观影的时候弹幕也很多，已经在漫迷当中是很流行的观影模式。虽然都是吐槽，但整体来说在剧情推进的时候吐槽的密集度决定了大家对于这个情节的关注度。如果弹幕很少，那可能就出现了冷场，这对我们的创作也是有帮助的。我觉得像这些新媒体、互联网平台提供的数据上的支持让我们有更好的市场统计的基础。对于建设品牌和作品创作，维护粉丝关联，有很大的影响。[1]

杭州玄机科技信息技术有限公司成功利用互联网培育出《秦时明月》这一重磅级的注册品牌的同时，积极开展这一品牌的授权，打造《秦时明月》全品牌战略，从而为这一品牌带来多重收益。以下是《秦时明月》的品牌授权概况，可以看出，《秦时明月》品牌的建立，为 ACGMN 的互动带来更大可能，而在品牌建立的过程中，互联网功不可没。

《秦时明月》品牌授权全品类开放。动漫内容：出版物、电影、游戏。产品授权：玩具模型、家居用品、办公用品、服装首饰、美容化妆。互动实体：授权餐馆、咖啡厅茶馆、专卖店、商场展示。

三是互联网企业"泛娱乐"生态的构建助推 ACGMN 的互动。近些年，国产动漫的关注度越来越高，尤其是在新媒体动漫领域，受众长时间在电视上得不到满足的需要在互联网上得到巨大的补偿，因而，新媒体动画在近来得到跨越式的发展。自有妖气 2009 年开创国内可吐槽漫画发布平台开始，国内一批具有活力的作品开始受到关注，紧接着，大量互联网公司开始以各种不同的形式进军动漫领域，门户网站增加动漫频道，还有一些互联网企业搭建平台供动漫版权更加方便的交易。

其中，BAT 之一的腾讯对动漫行业介入最深。早在三年前，腾讯公司就着手利用互联网与移动互联网的多领域共生来培育明星 IP，从而在粉丝经济中获益。发现互联网与文化产业的密切关联后，腾讯积极布局能够使多种形式的创意内容相互融合是互联网生态系统。其基于原有游戏业务，于 2012 年、2013 年和 2014 年，腾讯先后又推出动漫、文学、电影三大新业务平台，希望通过多平台的联动培育出明星级的互动娱乐内容。这也就是腾讯的"泛娱乐"战略。

1　沈乐平.游戏葡萄——七年耕耘，打造国产动漫最强 IP——对话《秦时明月》[EB/OL].
(2014-8-9)[2015-11-2].http://games.sina.com.cn/y/n/2014-08-09//411805595.shtml.

原创动漫 IP《尸兄》就是腾讯"泛娱乐"战略实践的典型案例之一。2013 年，腾讯在互联网上发布 10 部由原创漫画作品改编的动画 PV 视频，并进行票选活动。得票数最高的动画 PV 视频将被制作成长篇动画。在选拔过程中，七度鱼的漫画作品《尸兄》获得了超高的人气。在"10 进 5 全民海选战"和"媒体选拔战"中，《尸兄》都表现出色。看到了受众的偏好，腾讯便将《尸兄》动画化。2013 年，《尸兄》长篇动画开播后 5 个月，就成为百度指数排行榜国产动画第一，迄今为止单集播放量已超 3.5 亿。如今，《尸兄》已经拥有了固定且庞大的受众群体，在线漫画网络点击量已于 2014 年 3 月 29 日突破 30 亿人次。2015 年 7 月，由龙图游戏正版授权改编的《尸兄》手游正式上线，随着"腾讯电影 +"的成立，腾讯把《尸兄》搬上大荧幕。目前，《尸兄》成为国内首个打通动画、文学、游戏、电影等全产业链的明星 IP。

可以看到，互联网企业的介入将新的互联网思维注入动漫领域，用新的思路来发展动漫产业。一方面，互联网企业充分尊重了市场，基于民意来制作产品。另一方面，互联网企业"泛娱乐"生态的构建为创意内容的多形式互动提供可靠的环境和实践保障。未来，国产动漫的振兴指日可待。

（二）多市场主体的互动

除了与内容生产市场主体的互动外，互联网语境下的动漫产业链跳脱出纵向价值链，而从横向展开，积极与非内容生产主体进行合作，以提升单薄的动画制作方的抗风险能力。这样的合作充分整合了不同市场主体的资源和能力，各取所需、各展所长，也是新的意义上的共赢。

新媒体动画《泡芙小姐》就在互联网新环境中走出一条新的动漫商业模式。与传统的动画不同的是需要分期实现播出收入、出版收入、衍生品收入，《泡芙小姐》从一开始就有了大比例的植入广告收入，这些收入甚至能够直接覆盖成本。后期也有了授权代言和周边产品的收入。《泡芙小姐》的成功，除了来自内容的精细打磨和准确定位外，还源于其多元化的市场主体合作策略。

第一，与互联网播出渠道优酷网的合作。《泡芙小姐》的内容制作是由互象动画来完成的，而推广和运营则全权交给了拥有强大营销团队和丰富客户资源的优酷网，二者实行版权共享，所得收入实行对半分账，这在进行部分工作内容外包的同时解决了播出渠道的问题。并且《泡芙小姐》的广告主也多是优酷网的客户，可以说这部动画充分调动了自身的优势和优酷网的资源，在合作中实现共荣。

第二，和互联网社交媒体合作。《泡芙小姐》通过人人网、QQ、微博等社交媒体进行营销、互动。观众在优酷网观看这部动画的同时还可以将其分享到社交媒体上，并进行评论留言。而《泡芙小姐》也在影片中恰到好处的穿插人人网、QQ、微博等社区信息，仿佛泡芙小姐真实存在一样。在这样的合作中，《泡芙小姐》得到进一步的传播，获得了更大的影响力。

第三，和多种广告主合作。和广告主的合作打破了观众只想看免费动画而不愿为其买单的尴尬局面，通过让广告主买单来推动项目的前进。由于受众定位是 21—30 岁的年轻上班族和大学生群体，《泡芙小姐》的观众拥有时尚消费潜能和购买能力。再加上广泛的市场影响力，《泡芙小姐》在获得人人网等社交媒体青睐的同时，也招入了一大批时尚产品的广告主。雀巢、苹果、雪弗兰等年轻人喜爱的品牌确保了动画作品成本的回收和利润回报，而广告的植入既是对产品的推广，也是受众与影评共鸣的契合点，因为现实生活中的白领丽人也正在消费这样的产品，她们在泡芙小姐身上看到了自己。

第四，与美容产品、手机、创意礼品等生产商合作开发衍生品。目前，泡芙小姐已经在天猫上拥有自己的品牌旗舰店，先后推出 40 余款人气衍生品，并在官方旗舰店开通一年之内销售额跃居中国动漫品牌前三。多方位的市场主体合作为"泡芙小姐"获得年收入近千万元的市场回报的同时，也通过多重价值网络的构建极大地增强了动漫制作方的抗市场风险能力，成为国产动漫品牌的一股强劲力量。

《泡芙小姐》的成功表明互联网的出现让动漫产业链拥有了更多价值实现的可能。动漫在互联网环境中能够与受众市场、与互联网平台、与移动网络运营商、与智能终端研发商、与衍生品市场等多市场主体进行互动合作，共同推进项目的运作，共同打造出明星动漫品牌。当然，这些与市场主体的合作不能完全盖过动漫内容的风头，否则过多的广告植入会引来观众的诟病，从而影响动漫品牌的影响力。《泡芙小姐》实际上是做到了市场与内容的平衡，才会名利双收。

如今，动漫内容与其他非竞争关系的市场主体的合作变得越来越容易，因为许多与动漫内容创作非直接相关市场主体在主动靠近动漫。这些市场主体包括运营商、门户网站、智能硬件生产厂商、房地产商、电商和其他来自不同领域的企业，他们都以不同的形式参与到动漫产业链中。虽然这些合作形式不同、规模不一，但实际上都意味着产业边界越来越模糊，互联网背景下的产业间的合作将更加频繁。动漫创作与运转不再仅限于专业的动漫制作公司，多方市场主体都有了动漫合作需求。

坚果炒货类电商品牌"三只松鼠"利用可爱的卡通形象和名字将电商服务做到极致，准确迎合了"80 后""90 后"的互联网受众群体。同时三只松鼠的形象也得到网友的喜爱，其公司已经考虑到要丰富"三只松鼠"的文化内涵，计划拍成电影。这意味着，在互联网时代，品牌的内涵将被极大地丰富，正如三只松鼠电子商务有限公司创始人兼 CEO 章燎原所说："三只松鼠不仅仅是一个食品品牌，也可以是一部电影图书、动画片、互动游戏的品牌。"[1]的确，在互联网时代，品牌是可以跨界的，而且是可以相互促进的。试想，如果投资拍一部能够得到大众喜爱的类似三只松鼠这样品牌的电影，那么，爱屋及乌，在不提及"三只松鼠"代表坚果、零食这些商品的情况下，只要电影大卖，消费者接受了三只松鼠这部电影，也就自然而然会关注三只松鼠衍生出来的其他产品。

---

1 王磊."互联网 +"助力芜湖站到下一个风口［N］.芜湖日报，2015-7-6.

在移动互联网领域，动漫产业的参与者也越来越多元化。目前，介入最深的是移动电信运营商和移动终端制造商。移动电信运营商方面，早在 2010 年 4 月，中国移动就在厦门建立手机动漫基地。该基地通过"漫画素材加工平台、信息交互平台、版权服务平台"的搭建来保护原创作品，促进产业链合作及保障开发者的收益。电信动漫基地于 2014 年完成公司制改制，成立天翼爱动漫文化传媒有限公司并正式运营，它将积极尝试动漫产业链后向版权运营和衍生品交易，进行全产业链布局。联通也积极和新华网合作打造"4G 入口"创意平台进行移动互联网精品应用集成分发。移动终端制造商方面，小米手机与日本内容产品代理制作公司创河集团及中国香港 Dragon Entertainment 达成合作，后二者将为小米的智能手机提供日本的漫画作品。小米希望通过在动漫领域的布局树立起其游戏内容并带来 IP 授权的衍生收入。

（三）多价值链的立体产业链

除此之外，动漫应用已经进入到我们生活的方方面面。传统动漫发挥了说教与娱乐的功能，新媒体时代动漫则让我们在娱乐的同时获得更广泛的知识。在商业领域，动漫突破了自娱自乐的窠臼为企业在宣传推广、品牌建设、形象包装上发挥着作用。未来，随着技术的不断发展，对于动漫内容的需求将来自建筑、设计、展览展示、医药卫生、国防航天教育科普、政治、宗教等更多领域。在动漫产业发达的美国，不仅动漫创意内容得到极大重视，动漫技术的研发与应用也在全世界遥遥领先。如计算机绘图技术、三维动画技术和虚拟现实技术不仅仅被应用于动漫制作中，还被教育、军事、航空航天等范围的研究和实验不断加以改进和利用。"如今，美国军事训练课程大部分是通过动漫技术营造的虚拟战场来完成的。"[1]我国也逐渐跳出动漫产业的狭隘观念，积极探索"大动漫"概念。2009 年 10 月，中国美术馆举办首届中国动漫艺术大展，"大动漫产业"的概念被提出，打破了以往动漫产业的狭隘内涵，将其拓展为更加

---

1 金元浦，庄鹏涛.大动漫，寻找更广阔的天地 [J].艺术百家，2012(3).

丰富的内容。而后，2010 年举办的亚洲青年动漫大赛将科技动画纳入比赛环节中。这一举动是对科技与动漫融合创新的肯定，动漫发展的视野更加广阔。2012 年 3 月，在"十七大以来中国动漫产业成果展"上，"大动漫"正式提出并得到更进一步的诠释——"它主要体现在三个方面：传统意义上的动漫、应用动漫以及动漫与相关产业的融合"。[1] 可以看出，动漫产业从娱乐走向了更大范围内的实际应用，在我们的社会生活中充当了更加重要的角色。

由此，在互联网背景下，我们可以构建一个立体化的动漫产业链，通过与多种表现形式、多市场主体以及与社会生活的互动，动漫产业链不再是一个平面化的样子，而是一个拥有多重价值链的立体形式。这将增加动漫企业的收入，加强动漫产业的盈利能力，并存在与社会经济文化生活的各个方面，形成"大动漫产业"（如图 4-2 所示）。

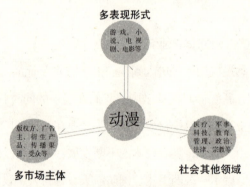

图 4-2　立体动漫产业链示意图

1　谢小力，谢华萍.动漫形象传播的力量［N］.中国文化报，2014-8-13.

第二节　游戏产业链：从线性到网状

　　游戏产业链涉及从游戏产品到用户的层层结构，主要分为三个环节——游戏研发制作、游戏发行、游戏营销推广。由于游戏在本质上是拥有艺术内容的电子软件，因而传统的游戏产业主要依靠游戏软件销售盈利。而在互联网的发展及数字技术的进步的背景下，游戏产业迎来大爆发，更加激烈的市场竞争带来游戏产业链结构的复杂化和盈利模式的多元化。在层层价值链中，游戏产业链的三个环节在联系得更加紧密的同时，也得到极大的拓展，这种拓展既包括了纵向垂直供需关系的拓展也包括了不同类型厂商横向协作关系拓展。在拓展中，互联网时代的游戏产业链打破了以往简单的盈利模式，形成多价值链的网状形态。

一、版权方：开发者的多元化

　　游戏引擎是游戏的心脏，所有游戏程序的设定和功能的发挥都由它来掌控。开源是指开放源代码。游戏引擎的开源能够方便游戏开发者节省成本和精力，游戏的开发效率能够得到极大的提升。互联网的崛起推动了计算机软件的开源，甚至"开源"一词也是互联网的直接产物。而在移动互联网大发展的时代，游戏引擎的开源价值被更多地发现。

移动互联网和移动客户端的发展使得手游市场在游戏市场中占据越来越重要的地位。而手游多是一些开发门槛比较低的休闲类游戏，因而，游戏开发商花高成本去购买一些高性能的游戏引擎就变得不必要，较成熟的开源引擎已经能够满足开发者的需要了。手游的生命周期较短，往往不过三个月热度就降了下来，再加上移动终端的不断更新换代，手游要想增加用户黏性，尽快适应快速变化的市场和硬件终端就需要积极跟进，开发游戏的新版本，那么作为游戏心脏的游戏引擎也需要不断更换版本。但不断高价购买高端游戏引擎也是没有必要的，建立在众包基础上的开源迭代优化则更能满足游戏研发上的需求。此外，"手游开发还有一个特点就是需要面对硬件碎片化。有时候出现问题，要解决就需要修改游戏引擎的底层代码。另外开发者有一些特殊的需求，一般的手游引擎无法满足，也只能通过修改底层代码实现，这种情况下，开源引擎成为唯一选择。"[1] 这样手游引擎开源的不断发展就降低了手游开发的门槛，不仅是专业的游戏研发团队可以制作游戏，甚至是对软件编程感兴趣的个人也能够创作游戏作品。因此，游戏引擎的开源推动游戏开发者的多元化。

2013 年，搜狐畅游就推出一款免费的 3D 开源手机游戏引擎——Genesis-3D[2]。这款游戏引擎能够实现跨平台使用，让游戏研发的成本及门槛双重降低，帮助游戏研发者更高效率地将创意转变成成熟的游戏产品。同时，基于该引擎，出品方还凭借自身 10 年以上游戏研发与运营经验及强大的媒体资源，为用户提供从游戏研发工具、研发咨询、游戏运营到游戏发布全方位的一体化服务。这样就形成了一个 Genesis-3D 平台，构成一个围绕利用 Genesis-3D 引擎的研发者的服务生态体系，这是游戏产业链上

1 　徐川.开源之火烧向手机游戏［EB/OL］.(2013-12-2)［2015-11-25］.http：//mobile.51cto.com/comment-420131.htm.

2 　Genesis-3D 是国内游戏公司搜狐畅游研发并发布的一个可以让玩家及开发者轻松创建三维视频游戏等的首款国内外开源 3D 游戏引擎平台。

游拓展出的新型商业模式。

二、内容：来源的互联网化

在网络游戏高速发展的今天，网络游戏正逐步成为一个重要的媒介。《2014 年中国游戏产业报告》指出："2014 年中国游戏市场用户量约为 5.17 亿人"，[1] 客户端网络游戏用户达到 1.58 亿人，网页游戏用户数量约 3.07 亿人，移动游戏用户上数量达 3.58 亿人，可见，网络游戏用户的庞大数量为其带来巨大的媒介价值并发掘其潜能。同时，由于网络吸引的大部分是年轻、时尚的受众，这部分受众消费特征能够准确被发掘，并用于广告的市场定位。而一些专门面向成年人的游戏也更受广告商青睐，因为他们的购买能力比青少年更强。因此，许多广告主将网络游戏看作一个精品的新媒介，与游戏研发商合作推广品牌，形成联动效应。2014 年，我国游戏内置广告市场规模达到 30 亿元左右，从日常消费品到高端消费品几乎都积极参与其中。早在 2006 年，上海大众 POLO 车就积极与赛车类休闲游戏《疯狂赛车Ⅱ》进行商业合作，游戏内的许多赛道上都打出了 POLO 车的广告，并推出多款大众品牌的赛车。碳酸饮料业巨头可口可乐与网络游戏《街头篮球》合作在游戏中植入大量广告，同时可口可乐也利用自身的 Icoke 网站实现虚拟道具的兑换，二者互动营销，以新颖的方式与受众进行有效的沟通与联络。

移动互联网的发展更加剧了这种趋势。易观智库发布的《2015 年中国移动市场年度综合报告》中预计，中国移动游戏市场规模将在 2015 年达到 412.5 亿元。移动游戏的较短的生命周期以及玩家更偏向于玩免费手游的消费习惯，使得游戏研发与运营商在基于成本回收的考虑上拉来广告赞助。有数据显示，"2014 年，在移动端广告的投放市场中，游戏占比达到

---

1 饶思锐.发挥政策洼地效应 打造游戏产业高地［N］.海南日报，2014-12-19.

24%，接近 100 亿元。"[1]

近来，广告与游戏的结合又有了新的模式，某一广告品牌私人定制游戏的形式成为新趋势。之前的广告是依附于网络游戏的，而现在则有许多品牌自己专门研发一种网络游戏来推广自身的产品，让玩家在潜移默化中感受品牌理念，了解品牌产品。如宝洁公司在 2012 年推出的一款名叫《梦幻沙龙》的模拟经营类社交游戏，该游戏能够让玩家利用宝洁旗下的所有洗护发品牌来经营美发店。这种新型的数字营销模式颠覆了以往游戏在先，品牌后入的模式，而是从游戏设计的开端就考虑到如何实现品牌传播效果的最大化。

三、渠道：发行渠道的多元化

网络游戏发行渠道从之前的自产自销转向多平台发行。无论是客户端游戏还是移动游戏都积极与各大网络平台尤其是社交性媒体合作，扩大发行范围。端游方面，游戏企业引入用户平台资源，让腾讯、360 游戏中心、YY 语音等用户平台参与游戏的发行。同时结合线下推广与线上论坛、贴吧、朋友圈、语音平台的推广来扩大影响力。移动游戏发行渠道更加多元化，除了传统的应用商店，发行渠道还扩展到了浏览器、社交媒体（微博、微信等）、智能手机的预装应用商店。例如小米手机自建了游戏发行渠道，并降低自身渠道分成，保护开发者利益。同时，海外市场的游戏也由本土专业游戏代理商进行本土化的发行营销，从而进入中国市场。总之，游戏发行渠道被拓宽，各方积极合力推动游戏市场的发展。

---

1 专访品友互动郑军 移动端广告投放市场游戏占四成［EB/OL］.(2015-5-6)［2015-12-19］. http://www.dogame.com.cn.6.

四、用户：需求的社区化

在移动游戏领域，用户的留存率是大部分游戏研发与运营商所关注的，较短的留存率会让一款火爆的游戏在短短几个月内走向衰亡。有数据表明，约 31.5% 的玩家离开游戏是因为产品的社交属性差，满足不了互动需求。为增加用户黏性，游戏中往往引入良好的社交元素，如对战、排名、帮派等。在社交中，人的天然社交属性得到满足，从而能够在游戏中停留更多时间。在大火的多人在线网游《魔兽世界》中，34.2% 的玩家把交朋友作为最重要的游戏因素。同时，社交模式的引入将用户的比较心理激发出来，关注游戏排名的行为将更好地刺激用户的付费意愿。这样不仅游戏的生命周期被拉长，研发与运营商的收入也得到保证。

在这方面，领跑整个网游市场的腾讯游戏具有鲜明的优势。腾讯本身强大的社交软件为游戏带来了稳定且大量的用户，并且无论是熟人社交还是陌生人社交腾讯都能轻松应对。微信和 QQ 社交链能够很好地将熟人导入到腾讯游戏平台中，游戏推广和用户黏性的增强都省去不少成本。腾讯游戏也在发布微信游戏之后，市场份额得到快速提高。"动作类游戏《天天炫斗》在刚上线时就达到的日活跃用户 1000 万以上，平均日收入近 1500 万元，峰值日收入达到 2700 万元"，[1] 腾讯方面也表示，社交关系链的引入能够把次日留存率提高 10%—15%。

总之，随着互联网的发展尤其是移动互联网技术的进步，游戏产业的价值链在多环节上的拓展使游戏产业链逐渐形成网状态势。从上游到中游再到下游，网络游戏产业在互联网背景下与用户、社交媒体、其他创意内容生产者、多领域日常生活产品的生产商等企业互动联合，创造价值，形成新的利益分配机制。

1　纪佳鹏.腾讯手游受益社交　激增 Q1 总收入逼近 30 亿［J］.21 世纪经济报道，2014(5).

第五章

动漫游戏产业的新物种

互联网，尤其是移动互联网与动漫游戏产业的融合发展不断产生出新的化学反应，催生出行业内部的新生态。移动游戏的快速发展带动着线上数据服务、移动支付、美术外包等的发展，甚至形成了能够整合各类资源的移动游戏第三方服务生态圈，大大提高了游戏的生产效率。移动电子竞技逐渐吸引大众的眼球，形成一种新的线上大众狂欢方式。游戏的软件与硬件开放商开始互相渗透业务，无形中更进一步地推动了文化与科技的融合发展。

　　互联网，尤其是移动互联网与动漫游戏产业的融合发展不断产生出新的化学反应，催生出行业内部的新生态。移动游戏的快速发展带动着线上数据服务、移动支付、美术外包等的发展，甚至形成了能够整合各类资源的移动游戏第三方服务生态圈，大大提高了游戏的生产效率。移动电子竞技逐渐吸引大众的眼球，形成一种新的线上大众狂欢方式。游戏的软件与硬件开放商开始互相渗透业务，无形中更进一步地推动了文化与科技的融合发展。

第一节　移动游戏第三方服务

移动游戏市场的快速发展带动了移动游戏周边服务产业的发展，如引擎开发与开源方、云服务、美术外包、移动支付、测试、数据服务、推送服务方等。这些第三方服务的兴起为游戏研发者提供更有效的整合资源和信息，节省更多的成本。而游戏消费者也能够接触到更多的高品质游戏。

2015 年上半年，艾瑞咨询发布了《2015 年移动游戏第三方服务白皮书（数据服务篇）》和《2015 年中国移动游戏第三方服务白皮书（移动支付篇）》，具体分析了移动游戏第三方服务中的数据服务方和移动支付方的产业结构。

一、数据服务方

数据服务方在手游产业链中主要通过搜集玩家的行为数据并进行分析来帮助游戏研发者和运营者更好地研发产品和进行游戏推广，实现游戏的精准投放。数据服务在国外已经发展得较为成熟，其服务的主要业务是为了实现精准的移动互联网营销。如 2011 年成立于美国的 App Annie 公司就主要致力于为全球多个国家提供 App Store 和 Google Play 的 App 数据分析服务，在帮助发行商分析自身应用的同时，也细致入微地了解竞争态势和市场情况，目前已成为行业的领先者。而在国内市场，数据服务方则处于成长期，企业多为新创型，如 DataEye、TalkingData、友盟等。

二、移动支付方

支付方是游戏产业中的关键服务方，如何让玩家更加快捷、方便、安全地为游戏进行付费关系到游戏成本的回收。据艾瑞咨询预计，2015 年，仅第三方移动支付（不含银行和中国银联）的市场的交易规模就达到了90705 亿元。而在移动游戏支付服务中，参与企业来自不同的背景，主要有银联、支付宝、微信支付、新运营商等。

三、移动游戏第三方服务生态圈

随着这些移动游戏第三方服务的兴起，第三方服务生态圈被逐渐重视起来。一些企业将这些资源进行整合，打造能够全方位服务手游研发与运营的平台，形成一个良好的服务生态圈，助力手游产业的发展。如触控科技在 2015 年就开通了一个名为 Cocos Store[1] 的网站，该网站集合了其自研的开源游戏引擎、入驻的推送服务方、游戏测试方、广告投放方等多种移动游戏第三方服务。截至 2015 年 6 月，Cocos Store 已经与腾讯信鸽、畅思广告、iTestin 等 40 家进行合作，共同打造全方位手游开发服务的生态圈。除此之外，阿里云也在 2015 年宣布与棱镜、友盟、海马助手、9 秒等联合构建一个游戏第三方服务生态体系。

---

1 Cocos Store：由触控科技开通的一个移动游戏第三方服务的资源整合平台。

第二节　移动电子竞技

2014 年 2 月，被誉为电子竞技界"奥运会"的"世界电子竞技大赛"（简称 WCG）宣布停办，代表全球电子竞技爱好者梦想之巅的赛事陨落。然而，电子竞技产业的火热并没有被这一冷水扑灭。随后创立的"全球电子竞技大赛"（简称 WECG）和"世界电子竞技大赛"（简称 WCA）均接棒WCG 的精神和传统，继续推动电子竞技赛事、电子竞技产业的发展。而同时，二者都将移动电子竞技纳入到比赛项目中，电子竞技移动化得到了正式认可。随着移动游戏的爆发式发展，移动电子竞技市场前景被许多人看作是"下一个风口"，艾瑞咨询甚至预测，2018 年移动电子竞技市场规模将达 135.6 亿元。

那么移动电子竞技产业究竟是不是下一片蓝海？

一、移动电子竞技兴起的背景及原因

移动电子竞技是指以手机、平板电脑、PSP 等移动硬件电子设备为载体的移动端电子游戏比赛活动。它的诞生与发展主要来自以下几个方面的影响。

（一）行业需求

1. 手游的爆发式发展

根据《2014年中国游戏产业报告》，2014年中国客户端网络游戏用户数量约为1.58亿人，而移动游戏用户量则达到3.58亿人，远远超过了客户端游戏的人数。在销售收入方面，客户端网络游戏市场销售收入为608.9亿元，移动游戏市场收入则为274.9亿元。虽然移动游戏市场由于其本身生命周期短，计费点少的特征，销售收入少于客户端游戏市场，但在整个游戏产业的五大细分市场（客户端游戏、网页游戏、移动游戏、社交游戏、单机游戏）中排名第二，且移动游戏市场仍然处于快速发展阶段，增长速度在五个细分市场中是领先的。而近来，手游的资本活动相当活跃，不论是投资、并购、上市，还是传统行业与资本市场，都在手游行业寻找投资机会。移动游戏市场的蓬勃发展为移动电子竞技培养了大量的潜在玩家和投资者。

2. 产业的前期培育

2008年，电子竞技运动被我国列为第78个正式体育比赛项目。如今，电子竞技已经吸引了众多参与者，2014年，"腾讯的《英雄联盟》(简称LOL)宣布了同时在线人数突破750万，游戏日均上线玩家达2700万，全球每月活跃玩家数6700万。去年在美国湖人队主场斯坦普斯举行的全球冠军赛总决赛，有超过3200万人观看，创下电子竞技史之最。"[1]一些从事电子竞技比赛播报和电子竞技直播平台的人在其中受益匪浅，网络上曝光的一些"电子竞技"主播的身价已过千万。可见，在多年的发展中，电子竞技产业培育出一大批专业的从业人员和数目可观的受众。同时，电子竞技产业的价值链得到很好的挖掘，产业发展已经极为成熟。这些客户端游戏的电子竞技为电子竞技的移动化奠定了良好的基础，许多商业模式可供借鉴。

1　铁生.高额奖金创纪录中国的大电子竞技时代正在开启［J］.计算机与网络，2014(8).

（二）技术的发展

技术的进步是电子竞技产业发展的基石，良好的硬件设备和畅通的网络环境对电子竞技来说至关重要。如今，智能手机、平板电脑等硬件设备不断更新换代，其内置的操作系统及游戏引擎等软件也在不断发展。而网络环境更是取得长足的进步，Wi-Fi、4G 等网络技术的发展让快速畅通的网络无处不在。这些都为移动电子竞技的普及打下基础。虽然移动端的电子竞技运动技术还未受到部分技术的制约，未能得到完善，与客户端游戏成熟的技术环境相比还有段距离，但相信随着技术难题的不断突破和发展，移动电子竞技在未来将大有可为。

（三）游戏厂商的需要

移动电子竞技的发展离不开游戏厂商的推动，而游戏厂商自身也存在对移动电子竞技的需求。主要体现在以下两个方面。

1. 线下打造营销噱头

移动游戏市场虽然发展火爆，但是竞争也是相当的激烈，各游戏厂商在内容、渠道、产品等方面全面抢夺。而移动"电子竞技"赛事的举办则能够很好地打造一个营销噱头，以吸引玩家的眼球，强化其游戏品牌的影响力和用户黏性，在众多的移动游戏中脱颖而出。

2. 线上克服产品缺陷

移动游戏本身是存在很大缺陷的，手游产品的生命周期往往很短，用户留存率低，商业变现对游戏生产商来说是很头疼的一件事。而移动电子竞技的设计能够有效提高用户的留存率，在排名、社交、协作等环节的设计中提高用户的兴趣。

（四）玩家需要

手游的快速发展是因为其适应了当今快节奏、碎片化的社会生活，大型客户端游戏则往往需要玩家花费较长的时间。在艾瑞咨询的《2015 年中国移动电子竞技行业研究报告》中，超过一半的玩家认为玩端游电子竞技太花费时间和精力，42% 的人认为端游电子竞技操作复杂。参赛门槛高、难度大也导致了玩家不愿意去参加端游电子竞技。可以看到，如今更休闲、易上手、碎片化的竞技类游戏作品能够更好地满足玩家的需要。

二、我国移动电子竞技的发展现状

目前，我国移动电子竞技产业正在逐渐成长，虽然处于起步阶段，但基本的产业雏形已经出现，游戏厂商均在移动电子竞技游戏作品和赛事方面发力，各种电子竞技赛事风生水起，移动电子竞技直播平台也在积极搭建。游戏厂商方面，腾讯游戏和英雄互娱占据移动电子竞技游戏出品数量的前列，根据 DataEye 发布的《移动电子竞技专题报告》可以看到，腾讯游戏出品的移动电子竞技游戏占总数之比可达到 22%，英雄互娱则占比7%。市场份额上，腾讯游戏和英雄互娱所占市场份额可排至前两名，分别为 34.2% 和 23%。代表作品有《天天飞车》《全民枪战》等。

在移动电子竞技赛事方面，赛事的主办方主要是第三方（行业协会、政府、俱乐部等）和游戏厂商，一般以游戏厂商为主。比赛的方式多样化、内容多元化，既包括了综合性赛事，也包括了单款游戏的比赛；既有一年一度的，也有月月比拼的赛制。总之，移动电子竞技赛事利用它的低门槛和易操作性正在向着全民电子竞技发展。专业的电子竞技内容制作方和直播平台方面，斗鱼、虎牙、龙珠等大型的直播平台都开设了移动游戏直播频道。

三、我国移动电子竞技的发展困境

虽然移动电子竞技的前景被普遍看好，但是要想获得长足发展仍然存在诸多问题。

（一）技术的欠缺

实质上，移动电子竞技行业的技术环境方面仍然不够成熟稳定。大型电子竞技赛事需要能够同时容纳大量的玩家，这对游戏的后台服务器提出很高的要求。而在比赛中，网络的稳定性也是十分重要的，稍微不流畅的网络就会影响到比赛选手的发挥。一般来讲，客户端的网络比移动客户端要稳定许多，而在端游电子竞技比赛中仍然出现过多次因网络问题而导致的比赛事故，那么移动电子竞技在这方面将会面临更大的挑战。在硬件方面，现今的智能手机和平板电脑多是全屏的无键盘操作，虽然方便但会影响到操作的准确性，即使有人考虑到用外接手柄的方式解决这一问题，但似乎偏离了移动电子竞技游戏本身便捷、易操作、低门槛的初衷。

（二）产品的竞技性不足

竞技游戏强调人与人之间、团队与团队之间的对抗，考验的是玩家团队之间的协作、策略等技能，而许多手游竞技类游戏则多比拼的是玩家与游戏本身的对战，通过分数来确定赢家，这样比赛过程就存在许多运气成分，如《节奏大师》《天天酷跑》等竞技比赛均是以分数论高低，这样游戏的竞技意味就比较低。同时，目前还没有出现一款影响力能够类似于《英雄联盟》的客户端电子竞技游戏产品，能够利用丰富的玩法和强大的竞技效果实现全民狂欢。艾瑞咨询调查表明："目前核心竞技类产品数量非常稀少，原因在于这类游戏对画面、玩法、操作、平衡性优化都有较高要求，加之用户对于游戏的要求亦高，有实力开发精品游戏的厂商有限。"[1]

---

1 2015 年中国移动电子竞技行业报告竞技要素更浓［EB/OL］.(2015-12-20)［2015-12-30］. http：//www.emarketing.net.cn/index.jsp.

四、我国移动电子竞技的发展趋势

移动电子竞技行业目前仍处于探索期，存在问题是必然的，但是可以看到，在巨大的潜在市场和多方合力助推下，移动电子竞技仍有可能闯出一番新天地。内容方面，移动竞技可以做得更多元化，积极探索适应多种类型人群的产品和多样的游戏玩法，提升移动电子竞技游戏的影响力和覆盖率。同时，虽然腾讯游戏、盛大等巨头在端游电子竞技中占据绝对领先的市场份额，但移动电子竞技产业是新领域，仍有巨大的市场机会等待开发，新的商业模式在不断酝酿之中。如 2014 年，美国一家名为 Skillz[1] 的创业公司专门为手游玩家搭建比赛平台，让开发商们在此组织各种赛事而从中获益。

---

1 Skillz：专注于提供现金奖励的移动电子竞技赛事的公司。

第三节　软件与硬件的融合发展

移动游戏的爆发式发展带来这一新兴领域的激烈竞争，目前可以说已经到了竞争的白热化阶段，多领域企业的介入更加剧了这种竞争。要想在竞争中站住脚需要开辟新的渠道、找到新的商业盈利手段。如今无论是硬件生产商还是软件生产商都在积极寻求合作，希望以软硬结合的方式开辟出移动游戏发展的新局面。的确，目前移动端的硬件设备载体主要是智能手机和平板电脑，虽然操作简单，但操作的准确性以及游戏过程中的操作性趣味并不强。而增强现实技术（简称 AR）、虚拟现实（简称 VR）、可穿戴设备、体感设备等技术及外接设备的发展给游戏带来了新的体验方式，增强了游戏的趣味性。而游戏内容研发也在积极更新以适应这些新设备的内容需求。这种软硬结合的方式很好地实现了文化与科技的融合。

一、软件研发的新诉求

随着科技的发展，游戏终端设备不断丰富化，除了游戏载体类设备（电脑、手机等），游戏体验类设备（可穿戴设备）更是层出不穷。可穿戴设备代替了键盘、鼠标，与玩家本身真正融为一体，让玩家与游戏实现真正的实时互动，虚拟世界与现实世界的边界被模糊化，玩家在游戏中获得了全新的娱乐体验。许多游戏研发企业看到了这一发展趋势，积极寻求与硬件设备的合作，以适应游戏行业的新变化。立足于轻游戏研发商与发行商的游族网络就希望在这些方向进行探索，其 CEO 林奇在一次采访中表示："游族网络也在硬件方面试图以合作的方式提前布局，未来甚至考虑涉足电视游戏，以影游联动的方式展开 PC、手游、家用机等多个平台的娱乐产品线扩充，让游族出品更加广泛、有效地到达用户层。"[1]

完美世界于 2014 年 9 月就推出首款可穿戴设备"射雕 ZERO 鞋"，成为第一家进军可穿戴设备的游戏公司。这款鞋是基于完美世界旗下客户端游戏《射雕 ZERO》而生产的运动鞋，它在社交互动功能的基础上将游戏中人物数值与现实中玩家运动数据联动，在运动中实现经验值的增长。这打破了传统游戏的体验方式，并打出运动与游戏相结合的健康游戏理念。对于这款可穿戴设备产品，完美世界早就透露出生产意向，在 2014 年全球移动互联网大会（GMIC）上，其 CEO 萧泓就发表了《下一个十年：移动互联网时代》主题演讲。在演讲中他表示，下一个十年，我们的世界会有三大变化。分别是：①多维呈现：我们不管到哪里，我们周边的设备和我们随身的设备，将会变成我们不可分割的一部分。②技术革命：除了硬件技术革命外，互联网的软性技术也在展开，包括 4G，连网的速度大大提升。技术进步将推动整个互联网、移动互联网把人、内容、服务连在一起。③创意：推动世界前进的两个轮子，一个是技术创新，一个是内容创新。未来十年，移动互联网的创意趋势是一个全球化的趋势。这篇演讲中，萧泓不断强调文化与科技的融合，硬件设备的发展将推动游戏进入到一个全新的发展空间。

那么，完美世界为什么会选择在可穿戴设备端发力呢？

第一，企业发展的战略需要。页游、手游、主机游戏等的迅速崛起分

1　游族林奇："泛娱乐"融合将催生游戏新生态［EB/OL］.(2015-5-21)［2015-12-28］. www.donews.com.

割了客户端游戏的一大块市场，仿佛合力形成围剿之势。根据《2014 年中国游戏产业报告》，中国客户端网络游戏的市场占有率已经从 2008 年的 90.0% 下降至 2014 年的 53.2%。完美世界作为端游市场的领头羊，想要守住端游这块蛋糕就需要为用户提供更加精品化的游戏，突破端游同质化的窠臼。端游对于玩家的吸引力主要在于能够为玩家带来沉浸式的体验，其画面、玩法、稳定性等都要强于页游和手游，为玩家带来更大的快感。为了继续强化这一沉浸式体验，可穿戴设备就是一个很好的选择。可穿戴设备技术的发展能够实现虚拟世界与现实世界的融合，能够最大限度地进入虚拟世界并实现同步互动。完美世界推出的"射雕 ZERO 鞋"是在改进端游体验的一次重要尝试，使游戏从虚拟延伸到了现实，突破空间和平台的限制，实现运动与游戏的良好互动，让玩家拥有更多样的玩法。

第二，数字娱乐多元化。在数字技术不断进步的今天，社会生活的多个方面都有了与游戏领域接壤的可能。运动健身、医疗康复、大众消费、教育教学、通信等都在数字技术的进步下以娱乐休闲的方式进行着行业的变革。而游戏也不单单是用来娱乐消遣，其在模拟实验及寓乐于教方面不断迈进。在这场变革中，电脑不再是唯一的数字载体，可穿戴设备、智能手机等智能终端的发展将引领着数字娱乐的多元化。完美世界曾提出过"HiFuture!"（你好未来）的概念，"主要指在未来游戏的全新模式，而可穿戴设备是这种模式的领衔产品，植入虚拟结合现实的游戏玩法，并同时对其进行充分地游戏渗透，令玩家的游戏不仅仅局限于传统的电脑、主机、掌机，甚至是手机这些平台，更可通过更加丰富的线下活动，反馈为线上的游戏数据，形成终端和客户端，线上与线下紧密联动。"[1]这个概念的提出意味着完美世界将继续发挥其在游戏领域的优势并逐渐将游戏融入到社会生活中，在多行业进行渗透以打造多种娱乐体验。而可穿戴设备则是其迈向新领域的第一步。

1　可穿戴设备打破现实和虚拟边界 "HiFuture!" 开启端游 3.0 模式［EB/OL］.(2014-9-9)
［2015-12-25］.http：//economy.gmw.cn.

总之，游戏研发商已经能够在积极向硬件设备制造领域积极探索，寻求内容与展现方式的结合，以提倡健康、生活、娱乐为一体的游戏体验。

二、硬件生产企业的新布局

硬件生产企业也在积极探索游戏研发市场，最典型的案例就是小米公司，通过游戏生态的布局实现内容的把控。

近年来，手机硬件的同质化发展一直困扰着小米。华为、魅族、酷派、OPPO 等国产智能手机在硬件领域的整齐发力，也让小米的市场地位遭到挑战。2015 年第三季度国产智能手机市场份额排名中，华为成为第一，占 18.7%，而小米为 12.7%。各大手机生产厂商均在屏幕、手机摄像头等硬件配置方面进行比拼，最终导致手机领域的同质化，手机行业的利润已大不如前。因此，小米必须考虑打造新的利润增长点，以促进企业的持续发展。而游戏，尤其是移动客户端游戏作为近年来快速发展且盈利能力最强的一个热点，将是小米除了硬件设备投入外可以考虑的内容方面的布局点。同时，小米手机较高的市场占有率能够为游戏的发行提供有保证的渠道，带来稳定的游戏用户。

2014 年，作为小米旗下主要的内容集成方的小米互娱，共计投资了 16 家互联网相关企业，而其中十余家为游戏相关的企业，如西三居、珠海乐趣科技。小米希望通过整合游戏产业链条中各个环节的优质资源，形成生态链进而打造高品质游戏，并推广给用户。在这一布局中，小米互娱扮演的不仅仅是渠道商的角色，而是全程参与到游戏制作、发行和推广之中，并充分让利给游戏研发商。根据小米游戏中心 2015 年上半年季度报告，其游戏下载量在 2015 年上半年已经达到了 6.67 亿次。网游收入排行榜方面，小米投资的天马时空公司所研发的《全民奇迹》位列第三名。

除了手游的布局，小米在电视游戏领域的布局更是重头戏。除了研发生产电视、游戏手柄、蓝牙遥控器等硬件设备外，小米还专门培养游戏研发团队，来充实电视游戏内容。西米互动是小米为专攻电视游戏市场而联合西三居于 2014 年成立的游戏公司，目前主要业务范围在棋牌类游戏，如《西米斗地主》。同时，"视频游戏公司 Ouya 已经与小米达成了合作意向。Ouya 的游戏将被集成至小米的电视机顶盒和智能电视机，并获得专门的软件渠道供玩家购买或者下载 Ouya 公司独立研发的游戏。不仅如此，小米公司可能还会对 Ouya 公司的游戏进行市场营销，相关收益为两家公司共同拥有。"[1]

总之，小米积极在内容生态方面进行布局，除了想获得互联网业务增值外，对小米本身的硬件销售也是有助益的。小米电视多款专属定制游戏的发布会促进小米电视的推广和销售。而在游戏打下良好基础后，小米后续的电商、娱乐、O2O 等更广泛的互联网服务也将借此走得更加顺畅。

1　小米.叫好不叫座，小米游戏的美丽幻想［R］.每日甘肃—IT.

第六章

动漫游戏的
"泛娱乐"平台

　　基于同一 IP 创作而成的游戏、动漫、文学、影视等现象在如今已经屡见不鲜，各大互联网也都纷纷运用这一方式打造各自的"泛娱乐"阵地，探索跨界共生模式。本章就"泛娱乐"的概念、发展简史以及 BAT 的战略布局进行解读。以"泛娱乐"为例，以小见大，来一窥互联网与动漫游戏融合发展产生的新的平台形式。

　　基于同一 IP 创作而成的游戏、动漫、文学、影视等现象在如今已经屡见不鲜，各大互联网也都纷纷运用这一方式打造各自的"泛娱乐"阵地，探索跨界共生模式。本章将"泛娱乐"的概念、发展简史以及 BAT 的战略布局进行解读。以"泛娱乐"为例，以小见大，来一窥互联网与动漫游戏融合发展产生的新的平台形式。

　　近年来，"泛娱乐"概念在文化产业领域内被频繁提起，尤其是在2014 年之后。但实际上"泛娱乐"由来已久，最早关于"泛娱乐"的贬义声较多，大多用来批评大众媒体的过度娱乐化，称"泛娱乐化"。如今，"泛娱乐"则成为腾讯、阿里、百度、小米等许多互联网公司未来的发展战略。如此被互联网大佬看好的"泛娱乐"到底有着怎样的魔力？

第一节 "泛娱乐"的概念

"泛娱乐，指的是基于互联网与移动互联网的多领域共生，打造明星 IP（intellectual property，知识产权）的粉丝经济，其核心是 IP，可以是一个故事、一个角色或者其他任何大量用户喜爱的事物。"[1] 这一概念被用作互联网公司的发展战略最早是在 2011 年，腾讯公司副总裁程武提出，希望在腾讯游戏的业务基础上，再打造腾讯动漫、腾讯文学、"腾讯电影 +"三个新的业务平台，由此来实现同一 IP 的游戏、文学、影视、动漫等的多形式互动，从而构成一个能够极大挖掘粉丝经济的新生态圈。

到 2014 年，"泛娱乐"在各大行业报告中均有提及。如文化部发布的《2013 年中国网络游戏市场年度报告》中就提及"游戏业的'泛娱乐'文化概念逐渐形成"[2]，百度、华谊、小米、360 等企业也都相继举起"泛娱乐"的大旗，指明业务拓展的新方向。

---

1 孙冰."互联网 + 娱乐"，传统文娱业大跨界 [J].中国经济周刊，2015(4).
2 周志军.文化部发布《2013 中国网络游戏市场年度报告》[N].中国文化报，2014-4-9.

一、"泛娱乐"兴起的原因

1. 新科技浪潮带来娱乐方式的多元化

数字技术、网络技术、移动通信技术等新的信息技术高速发展，为我们的娱乐生活带来极大的转变。这种转变不仅包括对娱乐休闲时间、空间限制的突破，也包括了娱乐形式的多样性。如今，在 Wi-Fi、4G 网络的普及下我们能够随时随地用多样的移动硬件设备进行阅读、欣赏音乐与电影，享受视听娱乐体验，这让娱乐和我们的生活变得密不可分。同时，数字娱乐产业的内容变得更加多彩，网络游戏、电子文学、数字电影、数字动漫等多样化的娱乐模式，丰富着我们的视听娱乐体验。而这些数字内容的形式由于使用了统一的数字化技术而使得相互之间形式转化变得更加方便，多形式娱乐的共生性更强，也就同时为"泛娱乐"的发展奠定了良好的基础。构成一个"泛娱乐"生态圈将能够使一个创意内容的价值不断被发掘，从而实现价值的最大化。

2. 粉丝经济

粉丝经济在现代经济中扮演着重要的角色，尤其是随着互联网和移动互联网的发展，不仅促进了粉丝与品牌的交流，更通过其裂变式的传播效应将粉丝聚集在一起，形成社群经济。而这个社群中，粉丝们在共同的情感、爱好连接中，在多样化的网络社交媒介平台上，一起互动、交流、协作、感染，从而反哺品牌、传播品牌。"粉丝，就是这样一个既是消费者（Consumer）又是生产者（Producer）的用户群体，即所谓'产消者'（Prosumers）；'粉丝经济'，就是基于互联网的产消合一模式（Prosumer model），也叫作消费者即生产者模式。"[1]而一旦品牌的粉丝文化形成，粉丝对品牌的信任、黏性就高于普通品牌，品牌就能够在潜移默化中引导粉丝主动参与到品牌的传播和品牌消费中，具有了足够多且能够被挖掘的价

---

1 李文明，吕福玉."粉丝经济"的发展趋势与应对策略［J］.福建师范大学学报（哲学社会科学版），2014(6).

值，因为粉丝不仅意味着影响力，还意味着经济价值。总而言之，"粉丝
经济"在作用于精神需要、心理需要的基础上，以吸引眼球即注意力为重
点，以激起消费者的购买欲望的一种经济类型。这种经济类型的商品附带
着各种吸引人的符号及标签。

"泛娱乐"战略的布局正是看中了互联网发展过程中呈现出具有巨大商
业价值的"粉丝经济"，腾讯就提出过要通过打造"明星 IP"来引爆相应的
粉丝经济。核心创意内容的养成及其粉丝的培养能够有效实现创意内容表现
形式的互动，对某一文学作品的崇拜和喜爱极有可能引发其相关的游戏、动
漫、影视的多领域共生。2013 年上映的电影《小时代 1》就很好地诠释了粉
丝在"泛娱乐"发展中的重要地位。《小时代 1》自上映以来就在影片价值
观以及拍摄手法专业性上存在很多的负面评价，但其丝毫没能阻止其票房奇
迹的诞生，最终以 4.84 亿元收官。加上后来推出的第二部、第三部，票房
总共超过了 13 亿元人民币。可以说是粉丝造就了这样的奇迹，影片更是被
许多业内人士称为"粉丝电影"。在网络舆论中，粉丝为维护偶像以及品牌
形象而一度与各大媒体和电影业界的名人掀起论争，"从电影前期宣传到最
终下线，粉丝受众既是整个过程的新闻热点的主角又是电影发行方从营销策
划到票房'大吸金'行为中的重要配角。"[1] 这样的成功离不开郭敬明团队的
努力，因为他们将《小时代》当作一个品牌来培育和管理。从挑选演员到电
影内容的设置，郭敬明团队都不断的尊重粉丝的意见，从品牌受众的角度去
考虑电影的拍摄，从而引领粉丝去主动挖掘《小时代》的沉淀价值。

二、"泛娱乐"的本质

关于"泛娱乐"，腾讯及其腾讯互动娱乐官方网站上从产业价值链整
合角度对"泛娱乐"的本质进行了剖析。

1　林汐璐."粉丝电影"受众行为研究［D］.成都：成都理工大学，2014.

1. "泛娱乐"是产业融合的现象

"泛娱乐"意味着娱乐"泛化",它不仅仅存在于一个产业当中,基于一定的基础,也在不同产业之间交叉、融合、渗透,而产生产业之间的边界模糊甚至消失的情况。娱乐产业的融合主要体现在以下几方面:现代数字技术基础上传统产业之间的融合;现代信息平台基础上新兴业态的发展与融合;现代技术手段基础上文艺表演等各种文化表现形式之间的融合。

2. "泛娱乐"是网状价值链的整合

作为文化创意产业的一部分,"泛娱乐"产业以创意为核心,以信息技术的发展为动力和载体,通过不同的数字影音技术来承载、传输、显现文化创意,将传统文化产业提升到一个新的跨界融合的发展水平。在这种情况下,娱乐产业的内容更加依赖于数字化,同时也更多地拥有的是无形的创意成果。因此,版权的保护就成为这一类产业发展的重点。在这种情况下,不同分工、不同类型的产业之间的联系更加强烈,互相交叉,从而形成了娱乐产业分工与写作的网状产业链结构。迪士尼公司和《哈利·波特》的成功与它们形成的成熟网状价值链有密切的关系:优秀的创意;企业对创意的开发和运作;行业围绕核心创意形成价值增值体系"。[1]

3. "泛娱乐"具备线性价值链

"从纵向的产业功能分工角度来看,技术研发与应用、文化创意产品的制作与传播、衍生品的制作与推广等环节同样具有价值增值功能,它们从产品或服务运作的逻辑过程考察产业增值过程,表现为娱乐产业的线性价值链,涉及技术研发、策划、生产制作、市场营销等环节。"[2]推动各环节的有效链接,关键环节是技术集成、内容制作、产品运营以及版权贸易。

---

1 邢华.文化创意产业价值链整合及其发展路径探析 [J].经济管理,2009(1).
2 周革利.文化产业价值链视角下的建筑策划 [J].建筑与文化,2011(10).

第二节 "泛娱乐"的发展简史

2011 年 7 月 8 日，腾讯公司副总裁程武在中国动画电影发展高峰论坛上，提出以"IP 打造为核心的'泛娱乐'构思"。[1]

次年 3 月，在"UP2012 腾讯游戏年度发布会"上，腾讯正式宣布推出"泛娱乐"战略，并诠释为"以 IP 授权为轴心、以游戏运营和网络平台为基础的跨领域、多平台的商业拓展模式"[2]。同时，推出"泛娱乐大师顾问团"，包括了谭盾、蔡志忠、尹鸿、陆川、刘米高（Micheal Lau）、全民熙等，分别担任腾信旗下音乐、影视、学术、文学等方面的顾问。腾讯动漫发行平台也在大会上成立。

在 2013 年腾讯游戏年度发布会上，"泛娱乐"大师顾问团升级，围棋九段古力加盟，腾讯游戏还宣布与中国棋院、中国艺术研究院、中国舞蹈家协会等权威艺术机构达成战略合作意向。也是在此次发布会上，腾讯动漫发行平台宣布升级为腾讯动漫，成为腾讯互娱旗下继腾讯游戏之后的第二个"泛娱乐"实体业务平台。

---

1 "泛娱乐"纳入官方报告的背后信号［EB/OL］.(2014-12-18)［2015-12-21］.http：//www.vccoo.com/.

2 "泛娱乐"纳入官方报告的背后信号［EB/OL］.(2014-12-18)［2015-12-21］.http：//www.vccoo.com/.

　　同年，互娱旗下第三个实体业务平台腾讯文学对外推出，同时成立"腾讯文学大师顾问团"，诺贝尔文学奖获得者莫言、著名作家刘震云、苏童、阿来加盟。

　　2014年4月，腾讯互娱正式走向台前。在当年腾讯互娱年度发布会上，程武对"泛娱乐"战略作出了全新阐述，刷新定义为"基于互联网与移动互联网的多领域共生，打造明星IP的粉丝经济"。[1]

　　同月，文化部发布《2013年中国网络游戏市场年度报告》，其中提到了"泛娱乐"概念，这是相关政府部门报告首次提及"泛娱乐"概念。

　　2014年4月11日，奥飞动漫监事会主席罗育民表示，2013年花了10多亿元收购其他公司，整合其业务，为的是向"泛娱乐"产业方向迈进。董事长兼总经理蔡东青表示，将打造以IP内容版权为核心的动漫影视、媒体、玩具、游戏业务。

　　2014年7月30日，在中国游戏产业年度盛会——ChinaJoy高峰论坛上，阿里、百度、小米、华谊、艺动、趣游、通耀等公司高管的讲话，均提及公司"泛娱乐"布局思路与趋势。

　　2014年9月，小米互娱副总经理程骏在第三届全球移动游戏开发者大会上，发表了《"泛娱乐"趋势下的跨界精品IP如何在手游中获益》的主题演讲。

　　同年9月，腾讯互娱宣布正式进军影视，成立第四个业务平台"腾讯电影+"，并宣布首批明星IP改编计划，包括了《斗战神》《QQ飞车》《天天酷跑》《洛克王国》《尸兄》《QQ炫舞》等互娱游戏、动漫、文学业务部门的明星IP。

　　2014年10月，在中国国际网络文化博览会上，时任文化部部长蔡武对腾讯关于"泛娱乐"战略的思路和做法给予肯定。

　　2014年11月，腾讯公司董事会主席兼CEO马化腾在首届世界互联

1　"文学＋动漫＋游戏"全面开花，腾讯"泛娱乐"战略全新亮相［EB/OL］.http：//chuansong.me.

网大会上发表主题为《连接时代的探索》演讲。在演讲中，马化腾表示：腾讯正回归本质，将通信和社交优势连接，马化腾重点谈及腾讯对于内容的重视，表示过去 11 年已在游戏为主的内容领域扎根下去，接下来希望以开放的心态和合作伙伴一起，通过影视、音乐、动漫、文学、游戏等互动娱乐业务构建一个开放的 IP 新生态圈。

2014 年 12 月，国家新闻出版广电总局在《2014 年中国游戏产业报告》中明确指出：腾讯等公司的"泛娱乐"战略盘活游戏与其他文化产业融合发展。

2015 年 3 月，人大代表马化腾在两会期间表示，在新的时代背景下，互联网正在改变着文化产业，二者相互融合创新，正在构建一个具有极大价值的新生态体系。在这样的条件下，文化创新创意者将在更有利的环境下创作，灵感能得到更好的激发，作品能得到更好的保护。因此，未来，中国文化产业的发展前景将得到长足发展，文化软实力将得到极大的提升。

第三节　BAT布局"泛娱乐"平台

一、腾讯

腾讯在"泛娱乐"领域的发展主要聚焦于将自身的互联网优势与传统文化产业融合创新。在"泛娱乐"生态的构建中，腾讯将首先做好内容产业，积极通过签约、收购等形式获得精品IP。然后以自身的微信和QQ社交媒介扩大IP的影响范围，并培育粉丝受众，最终在粉丝经济中获益。

在内容版权领域，腾讯组建了两大事业群。第一是互动娱乐事业群(IEG)，旗下业务包括腾讯文学、腾讯动漫、腾讯游戏、"腾讯电影+"，第二是网媒事业群(OMG)，旗下有腾讯视频、腾讯网。其中，腾讯互娱是"泛娱乐"生态构建的主要阵地。

在游戏领域，腾讯的游戏业务已占据了全球领先的地位。根据市场研究公司NEWZOO[1]公布的数据，2014年第一季度游戏收入全球最高的公司是腾讯，为17.14亿美元。腾讯将继续整合各个方面的资源在游戏运营的基础上进行跨行业、多领域的开发与运营。在动漫领域，腾讯在致力于培养国产原创动漫作品、原创力量的同时，引进国外优质动漫，并通过平台

1　NEWZOO：是一家专注于游戏市场研究公司，为目标客户群体提供更好的市场数据分析。

的搭建，在大数据分析的基础上，对精品 IP 进行精准营销和精细化推广，推动动漫更好地与新平台、新技术融合，引领变革。在文学领域，腾讯打通多细分市场的产品渠道，与人民文学出版社、作家出版社等合作推出数字出版平台畅销图书，让用户随时随地进行海量阅读。同时与华谊兄弟、新丽传媒以及华人文化产业投资基金（CMC）等影视机构签约合作来实现文学作品影视化。"腾讯文学大师顾问团"的成立是将腾讯文学精品化的重要保障。在影视领域，腾讯于 2014 年 9 月成立 "腾讯电影+" 业务平台。2015 年 9 月腾讯又成立企鹅影业，积极与一流的电影人合作，将腾讯的优质 IP 资源进行影视改编，同时积极培育电影人才，创造精品电影。腾讯影业的业务涵盖了电影的制作、发行以及数据分析，将通过体系化的职能为腾讯出品的电影服务。

在马化腾等所著的《"互联网+"：国家战略行动路线图》一书中，腾讯阐述了其"泛娱乐"战略的四项属性：第一，服务国家文化安全；第二，促进文化创意产业的发展，提升中华文化的软实力和文化影响力；第三，将教育、文化与娱乐有机结合，丰富人民文化娱乐生活，潜移默化影响人的价值观、世界观乃至想象力、创造性；第四，通过互动娱乐平台打造"泛娱乐"新生态，探索跨界共生新模式。这项也是腾讯互娱的"泛娱乐"战略正在努力践行的使命。"[1]

二、阿里巴巴

阿里巴巴在"泛娱乐"方面的布局也是早已有之，最早布局的领域是在影音娱乐上。2009 年投资华谊兄弟，2013 年收购虾米网，2014 年 3 月又以 62.44 亿港元购得文化中国 59.32% 的股份，并将其更名为阿里巴巴影业后又入股华数传媒，并购 UC 优视。同年 11 月又入股华谊兄弟。2015

1　潘启雯."互联网+"催生了重建诚信的倒逼机制——读马化腾等《"互联网+"：国家战略行动路线图》[J].运输经理世界，2015(4).

年3月又购买光线9909万股增发股。除此之外，阿里也在游戏、音乐等领域加大脚步。

目前，阿里巴巴的"泛娱乐"事业已经基本形成一个全产业链，构建了一个整合性的生态圈。在上游的文化内容生产领域有文化中国、Kabam、优酷土豆、虾米音乐以及阿里游戏等作为传播渠道。而与同时拥有牌照、内容资源和平台的华数合作，则希望能够推动数字电视购物的发展，再加上上汽汽车屏等硬件终端作为支持。同时，还可通过娱乐宝进行引流及融资。

可见，阿里巴巴已经通过电影、电视、游戏、音乐、硬件设备、浏览器等多种资源的整合来构建一个"泛娱乐"事业群。

三、百度

百度的"泛娱乐"生态构建则以文学为起点，在2014年11月成立"百度文学"后，希望通过立体化开发模式，将网络文学的产业链进行延长。在成立百度文学的同时，其与完美世界、巨人网络、华策影视、鲜果影视等文化企业签约合作，共同来完成优质IP的全方位开发。

而后，在2015年1月，百度又成立电影业务部——"百度影业"。百度在电影领域的布局则聚焦于O2O领域的电影在线选座和购票业务，同时也参与电影投资。百度将利用好其搜索技术、百度地图、团购等业务优势，以大数据技术为支撑，通过购票、影评等环节嫁接到电影产业中，再逐步开展电影投资等其他行动，形成百度影业特有的商业模式。

第四节 "泛娱乐"产业的发展现状

一、"泛娱乐"产业的爆点未到

近年来，随着游戏、动漫、文学、影视等文化产业的迅速发展，尤其是暴利的游戏行业正急速膨胀式发展。此外，伴随着"文学＋电影＋电视剧＋网络剧＋游戏"产业链的市场规模扩张，许多人认为这是"泛娱乐"行业发展的黄金期，甚至已经快达到发展巅峰。但实际上"泛娱乐"行业发展的爆点还未到。

首先，文化娱乐产业的确处于快速发展时期，但与文化娱乐产业发达的国家相比，差距依然很大。如日本动漫产业，其产业发展相当成熟，其有一条完整的开发、运营产业链，年营业额愈 230 万亿日元。[1] 而目前，中国动漫产业远未形成成熟的动漫盈利商业模式，多数企业处在微盈利或者亏损状态。

其次，虽然许多行业巨头纷纷将资金投向了"泛娱乐"产业，但目前为止真正从中获得高额利润的企业并不多。实际上，每一个新兴的行业均

1　手游快讯 . 如何打造"泛娱乐"帝国？ [EB/OL].(2015-5-24)[2015-12-22]. http://baijia.baidu.com/.

可视为一个指数增长的过程，行业盈利先缓后快。"泛娱乐"行业还处在行业盈利增长的"萌芽期"，也就是注重投入的时期，而产出也并不多，更何况是盈利。腾讯公司副总程武也曾表示过，腾讯公司自己现在也是在摸着石头过河，对于"泛娱乐"布局还在摸索当中。

最后，虽然各大行业门类发展如火如荼，但是真正实现融合发展并且找到有规律可循的商业模式，依旧有很长的路要走。而各文化娱乐行业的融合并进，形成有机生态链状态时才有可能是"泛娱乐"行业真正的爆点。

二、当前"泛娱乐"产业的发展模式

"泛娱乐"的发展模式可以根据路径的不同大致分为两种类型："一是成功推出一种优秀的娱乐产品形态后，通过跨媒介的符号组合，向其他多种形态的产品、领域延伸。如腾讯互动娱乐的"泛娱乐"战略。二是数字娱乐形象品牌通过品牌授权机制从无形价值形态向其他有型产业形态延伸"，[1] 从而把形象品牌的象征价值和商业价值最大化。这一形态最典型的范例就是迪士尼模式。而这两种模式都离不开能够吸引受众的明星 IP 以及多领域的合作共生。

（一）明星 IP

毋庸置疑，IP 是"泛娱乐"产业的核心。一个吸引人的能够便于制作成电影、游戏、小说、漫画等衍生产品的创意内容是"泛娱乐"产业能够成功的基石。同时，随着游戏、电视、动漫等领域对版权的愈加重视，版权成为引发一连串互联网文化产业联动的核心所在，以 IP 为出发点的电影、网游、动漫、文学等形式联动发声，又反过来提升了 IP 的价值。

1　梁明洪. 数字娱乐产业品牌战略研究 [D]. 杭州：浙江大学，2007.

《2014 年中国游戏产业报告》这样描述 IP 对于"泛娱乐"产业的重要意义并给予了充分的肯定：IP 已成为"泛娱乐"产业中连接和聚合粉丝情感的核心，依托于 IP 在互联网产业中的穿插，构成了游戏企业跨界合作，多点布局的融合发展策略。

那么，如何打造明星 IP 呢？

首先，尊重原有 IP。无论是电影、电视、小说还是动漫，吸引人，更准确地来说是吸引粉丝至关重要。有粉丝，才有明星效应。原有 IP 如果已然能够吸引一批深度关注粉丝就有跨界变现的可能。但是许多商家在获得优质 IP 之后，在不尊重原有 IP 基础上胡乱改编，粗制滥造出一批衍生作品，其后果不仅是丧失核心粉丝群体，更阻断了商家进一步扩大粉丝范围，带来贬低自身品牌形象等恶果。最终无法获得持续收益，无法打开更多的市场。因此，IP 变现过程中，始终抓住原著粉丝的兴奋点，精打细磨，才能够既不丧失核心粉丝又能引导粉丝变成观众、读者、玩家，这样才能实现在电影、电视剧、游戏等领域的跨界价值变现，获得更大的增值空间。

其次，创意改造 IP。IP 改编成不同的产品形式时应根据表现形式的不同调整创意改造原有 IP，不能够生搬硬套。比如小说改编成电脑端游戏时可以有宏大的叙事，丰满的人物形象和复杂的任务线，但如果要改编成轻松休闲的移动端游戏，则需要注意移动端游戏轻松休闲的特性，任务形象可以简单、萌系，任务设定要能够简单快速完成，故事情节不可太过复杂。这也是从玩家也是粉丝的角度出发对 IP 进行创意改造，以适应不同的粉丝需求。

总之，明星 IP 的打造关键是抓住粉丝，从粉丝诉求出发才能更好地抓住市场爆点，让 IP 变现更加容易成功。

（二）合作共生

"泛娱乐"产业性质决定了该产业是一个多个文化创意产业门类合作

的综合体，关键在于不同文娱行业间的合作共生。优质 IP 的开发更需要全产业链的深耕细作与合纵连横。

目前，IP 的变现模式已经变得更加多元化，从过去的单线授权、零星开发，走向"泛娱乐"全产业链布局。虽然市场在急剧扩大，许多资本纷纷注入"泛娱乐"领域，但不难看到频繁交易的背后是杂乱无序的 IP 售卖、转卖、囤积。这种种行为会导致极大的资源浪费，IP 变现的困难以及整个"泛娱乐"领域的秩序混乱，更别说健康的"泛娱乐"市场的建立。因此，要想打造超级明星 IP，构建多元化的 IP 全产业链，"除了'纯版权合作'模式外，更需要加强 IP 开发联动与合作。"[1]

2015 年，阿里文学推出的"光合计划"就极力强调"以 IP 为核心的开放合作的 IP 衍生模式"[2]。阿里文学将联合阿里影业、北京电视艺术中心、咪咕阅读等产业链的各环节力量，从网络小说的传播、IP 联合培育及 IP 衍生开发给予产业链上的合作伙伴以全面的支持。奥飞动漫则从 2013 年开始收购游戏公司方寸科技和爱乐游，入股影视公司北京剧角映画，"以 9.04 亿元的作价收购国内著名动漫平台'有妖气'"[3]，领先投资知名 VR 公司诺亦腾。可见，奥飞已经从单纯的制作动漫向游戏、影视制作、文娱体验等领域进军，其"泛娱乐"战略也是在多领域合作共融的基础之上。

现在，由于大众的付费意识较低和盗版问题猖狂，各行业中变现更快的要数游戏行业了，所以，目前影游联动的形式较多。大多热门影片、动漫、小说等都积极在火爆之后推出游戏作品。如《琅琊榜》《花千骨》《秦时明月》等。未来，探索更多的商业盈利模式将是"泛娱乐"产业发展的一个重要问题。

1　IP 授权促多业态合作掌上纵横持续发力版权运营 [EB/OL].(2016-5-25)[2016-5-28]. http://finance.ifeng.com/.

2　阿里文学推"光合计划"打造开放合作的 IP 衍生模式 [EB/OL].(2015-12-29)[2016-1-22]. http://tech.huanqiu.com/.

3　奥飞动漫更名奥飞娱乐背后：蔡东青如何打造"泛娱乐"帝国？ [EB/OL].(2016-2-20) [2016-3-25].http://toutiao.com/.

　　总之，"泛娱乐"的大发展、大繁荣仍旧需要在合作模式、路径、形式上进行思考和创新。除了业界行业巨头的努力，普通人的创意也能够在互联网时代得到放大和重视，同时，也应该积极学习国外优秀的经验。相信在不久的将来，我国的"泛娱乐"产业将为世界创作出更多精品，为世界文化产业的发展添彩。

第七章

动漫游戏产业链：如何解 "互联网 +" 方程式

动漫游戏业一度被认为是"最暴利的行业"，但即使是捞得盆满钵满，其商业模式、品牌战略、营销渠道等方面还是漏洞百出。"互联网 +"时代，动漫游戏业将从 IP 入手，不断创新收费模式、不断细化市场分工，用产业链的思路，进行全产业化的运营。这不仅是行业的优化与进步，同时也是玩家逐渐走向理智的过程。而未来，跨界运营、平台化运营、全球化经营的"互联网 +"式思维，也将使动漫游戏产业链条发生裂变。

在践行"互联网 +"的实践中，动漫游戏产业到底面临着怎样的机遇以及该如何解开这一"+"的方程式，值得我们思考。动漫产业如何在新环境中实现由量多到质优的飞跃？互联网催生的网游能否在新一轮的产业变革中继续保持领先优势？如何盘活粉丝资源、打造好平台以形成一个更为成熟的产业链系统？本章将对这些问题进行初步的探讨。

第一节　IP 运作成为动漫产业内容"突围口"

　　中国互联网界如今已经有这样的分野趋势：小米代表"硬件派"、腾讯代表"内容派"，而内容产业为游戏利好带来了无限潜力和商机。说到内容产业，我们不免有这样的感受：近几年国际市场上涌现出很多出色的动漫作品，如漫威系列、冰雪女王等，他们不仅代表了商业价值的极大成功，更是打开了被中国中产阶级和受教育者所喜爱的大门。在这一点上，国内动漫业就尴尬得多，动漫依然被认为是年轻人和小孩子的专属，且看看电视上那些优质的动画片就知道了。

　　互联网环境下的粉丝经济效应，让优秀漫画作品动画化的转化频率大大提高，也增加了动漫改编成电影、网络游戏的可能。[1]内容产业"泛娱乐"化衍生的两大 IP：文学和动漫，其中文学（网文）已经在 12 年的历练中形成了 40 多亿元的市场规模；"动漫 IP"，伴随着"互联网 +"应运而生，将成为内容产业衍生的下一个发力点和动漫产业发展的首要突破口。

　　优质的 IP 拥有大量的粉丝，就意味着拥有先天的优势。当 IP 被不断

1　枯川.马化腾三提知识产权［EB/OL］.(2015-3-12)［2015-12-23］.http：//news.comicyu.com.

地转化成不同的形式，就可以借由版权获得更多的收入。比如漫画，改编成电影后几乎是部部火爆。《进击的巨人》真人版还未播出就引来目光；《十万个冷笑话》自 3 月 18 日游戏上线 24 小时后进入苹果畅销榜第 15 名，上线 3 天就排名 iPhone 免费榜第 8 名，畅销榜第 9 名，iPad 免费榜第 2 名，畅销榜第 14 名。全平台日活跃用户量突破 142 万，日充值收入突破 500 万元。动漫 IP 的威力绝对超乎你的想象。

这一趋势被相当敏锐的 BAT 捕捉到，并开始策划自己的行动：腾讯互娱在年度发布会上，首先发布了业务板块——腾讯动漫平台。腾讯动漫平台现有作品总量超过 2 万，签约作者近 500 人，39 部作品点击量过亿，其中《尸兄》漫画点击率超过 48 亿。[1] 再来看看阿里巴巴，马云通过对其他公司的"买买买"和自身商务与金融平台的"卖卖卖"创造规则，观众不论在哪个平台收看动画，都有可能通过淘宝交易和微信消费，这实际上就是在发挥内容制作和发行传播渠道的优势。百度上线版权中介平台——百度动漫，专门提供动画形象等商品化中介服务。

1　三文娱.腾讯动漫 IP 阴影下，阿里和百度如何应对 [EB/OL].(2015-3-31)[2015-11-28].
http://www.huxiu.com.

第二节　动漫 IP 全产业链探索商业化路径

IP 的制作：IP 的建立自始至终都是为了加深用户忠诚度，这实际上就是一个情感代入的过程。美国公司注重树立 IP 形象，力求通过 IP 的支撑为其他衍生品增加价值；日本注重 IP 的品牌效应，注重每一代产品的制作细节与游戏主题，核心用户的忠诚度极高。而在国内制作 IP 的道路上，很多人过度求新，而缺少对很多世界观丰满、中国人耳熟能详的故事的灵活运用，同时也缺乏更鲜明的人物、更唯美的场景、更丰富的剧情。

IP 的运作：动漫 IP 的运作经营将走向全产业化的模式。除制作外，动漫也应注重品牌累积和跨界合作。随着动漫影响力的扩大，资金、人才也会随之而来，产业链、品牌效应也会应运而生。

下面将通过一个较为成功的案例来解析这一运作过程。

国内动漫品牌阿 U，其业务范围包括阿 U 童装云制造、阿 U 国际卡通岛（主题乐园）、亲子街（儿童电商平台）、儿童机器人（智能平台）等衍生产业链，如今已经实现了阿 U 的商业闭环。这个商业闭环，以动漫形象阿 U 为圆点，通过"互联网＋产品"模式开展品牌辐射、产业延伸，形成了轻度垂直、跨界联动的动漫产业链。[1]

为此，阿 U 组建专门的团队进行互联网产品的开发，探索"互联网+"式的各种玩法。如阿 U 云项目的初衷和希望就是让用户参与设计，最后还给用户个性化的内容，对每一个用户来说，都能获得由自己参与设计的个性化的、匹配度最高的商品。

阿 U 在经营主题公园时，将其打造成一个激发粉丝自发传播的大型自媒体。阿 U 国际卡通岛动漫主题公园正在试图摆脱主题乐园的传统规划框架，以互联网思维不断优化思路。

由此可见，"互联网+"为中国动漫产业打开了一扇门。可以预见，充分运用技术、资本和理念的中国动漫将会有一个更美好的未来。

---

1 余玲艳.阿 U 动漫："互联网+"的新玩法［EB/OL］.(2015-2-9)［2015-12-22］.http://www.wshang.com.

第三节　网游产业曾经的暴利产业链

一、网络游戏产业链

　　网络游戏产业链指的是在网络游戏产业内部的不同企业承担不同的价值创造职能，产业上下游多个企业共同向最终消费者提供产品（服务）时形成的分工合作关系或网络。[1] 网络游戏产业链体现着游戏企业之间的供需关系，在这个链条上的单个厂商行为将影响整个产业链的运行。与此同时，它也是一条价值增值链，每条价值链上形成的价值相加，能够创造出大于链上各个企业的价值和的总价值链。由此组成一个战略联盟的关系链。

　　整条产业链的结构层次由横向、纵向的协作关系构成：横向同一维度不同类型厂商的协作关系、纵向游戏厂商供需关系。其中，供需关系是主要结构，协作关系是配套。在游戏产业中，这条产业链就包括上游的开发商、硬件提供商，他们是该产业链的物质基础；发行商、电信服务商、运营商属于服务型的中游，起到沟通上下游的作用；下游则包括零售经销商，网吧，媒体和用户等。

1　张玥.基于产业链结构的中国网络游戏产业发展研究 [J].中原工学院学报，2012(5).

二、"一石四鸟"的网络游戏收费模式

通过网络游戏收费模式，链条上的"游戏生产商、游戏运营商、电信商、发行渠道商"都获得了不菲的盈利。具体来看，版权交易费、开发维护提成，由游戏生产商收取；销售利润由发行渠道商和运营商共同享用；渠道商还要通过销售向消费者收费。

举个例子来说，假设一个网络游戏有 10 万人同时在线，那么它每月为电信贡献的收入大概在两三亿元，还不包括周边衍生品带来的收入。[1]如果该游戏有 1 万人在线，其寿命维持在 18 个月，那么网络游戏运营商一年收入就可达 1000 万元。[2]这些由玩家所带来的预付款主要以"点卡"的销售为主，为运营商带来了相当大的现金流，这也让游戏运营商成为了整个产业链的核心。

下面就以一款拥有 30 万用户的韩国游戏为例算算账。

上文提到"点卡"，目前该韩国游戏的"点卡"为每小时 0.3 元，当有 30 万人在线时，就会有 30 万 ×0.3 元 ×24=216 万元的收入。在此背景下，假设中国网络游戏市场年复合增长率约为 100%，216 万元将在一年中上涨到 432 万元，产业链价值超过 11.8 亿元。

再来看分成：一般情况下，开发商分得 20%，运营商差不多能分得 50%（技术性服务工作、营销增值服务等），渠道商（总代理及各级代理）分得 30%。[3]运营商显然是最大的受益者，仅 1 年，就可以得到超过 5 亿元的收入。那么，运营商的成本支出有多少呢？

1　余晖，朱彤．互联网企业的梯度竞争优势——联众网络游戏成功的理论解释［J］．管理世界，2003(6)．

2　分析：网络游戏是国内网站盈利支撑点［EB/OL］．(2004-4-23)［2015-8-25］.http：//news.17173.com.

3　严侃．网络游戏"虚拟世界"产业链［EB/OL］.(2004-2-15)［2015-11-8］.http：//www.p5w.net..

该游戏运营的第一年，总现金流出约 1.6 亿元，净现金流入约 3.4 亿元；该游戏在生命力旺盛的三年中，运营商只需要在第一年支付这些代理费、服务器费、营销费。也就是说，这款韩国网游的年净现金流为 4 亿元左右。

三、网络游戏背后的坚强后盾

有关统计显示，全球网络玩家所占互联网人群的比例已超过 30%，而一些发达国家甚至超过 60%。网游玩家所带动的网游市场也正在以同样惊人的速度蓬勃发展，这背后反映的是网游公司原始积累的过程：假设玩家手中有一张面值 45 元（在线可达 160 小时）的盛大点卡，[1] 在游戏中玩家都要通过花费时间和金钱来获取更高级的装备，若每小时的花费以 0.28 元人民币计算，那么扣除分成、电信费用等其他费用后，盛大平均可以每小时从玩家那里拿到 0.14 元人民币。[2]

由于玩家众多，"代练"这一特殊职业也应运而生，随之而来的众多"虚拟造币工厂"也如雨后春笋般涌现。他们有自己的"代练工作室"，像网吧一样遍布在任何一个城市的诸多角落里，甚至还有自己完整的生产和销售产业链，并逐渐形成了以虚拟物品交易为主的特殊商业模式。"游戏代练 500% 暴利""代练成本两月回本""内测账号一个 30 元"等大标语在网络游戏最暴利的时代也成为最热门的标语。而真正从事过网游代练的人也确实从中攫取过不少利润，以全国经营游戏代练最早的"探路者"张显的经历为例，他在 22 岁时的收入就已经超过五位数，虽然他的学历只有中学毕业。

1　秋源俊二.网络游戏产业暴利揭秘：毛利率最高可达 75%［EB/OL］.(2015-7-15)［2015-11-25］.http：//j.news.163.com.

2　严侃.网络游戏"虚拟世界"产业链［EB/OL］.(2014-2-12)［2015-11-25］.http：//www.p5w.net.

他们的套路非常简单：电脑全天运转，职业玩家倒班。而他只需要收取代练出来的结果——游戏币。

再来计算一下利润：12 小时一换班，每人生产 25 万个游戏币，一天两班。如果电脑保持 24 小时运转，那么一个月下来可以制造 1500 万个游戏币，每 100 万个游戏币收入 120 元，最终收入 1800 元。除去成本，利润十分客观。

第四节　网游产业逐渐淡出暴利时代

一度被认为是"最暴利的行业"的网游业，虽然赚得盆满钵满，但其商业模式、品牌战略、营销渠道等方面还是漏洞百出，亟待突破。举个例子，10 年前，大型网游（两三万人在线）投资 500 万元就能运转，到 2007 年这个数字变成 2000 万元，现在需要多少？ 3000 万元以上。如此吃力的成本运营实在是网游公司最大的拖累。[1]

（1）寻找新收费模式、细化市场。因此，不少中大型网游公司已经开始尝试从"免费模式"转向"低 ARPU 值（每用户平均收入 Average Revenue Per User）、高活跃用户数"。伴随着网页游戏成为市场新的赢利点，各大网游商也已经开始努力开拓新的产品，并努力细化市场。即使短期内，网游在收入不易与客户端游戏一决高下，但它的用户规模还是非常可观的。

（2）开拓海外市场、开拓新用户。国内网游市场经历了 10 年的掠夺式开发之后，已经逐渐饱和。以盛大游戏、完美世界、搜狐畅游等为代表的企业，已经开始把开辟海外市场作为新利基。他们加速进军海外市场的

1　虚拟交易获暴利地下钱庄洗钱数亿［EB/OL］.(2005-9-14)［2015-10-22］.http：//gameonline.yesky.com.

步伐，已经成为中国文化企业海外市场拓展的"排头兵"。[1]

（3）越来越理性的网游玩家。过去，一款游戏的 ARPU 值是一个非常重要的指标，做的好不好，看用户 ARPU 就知道。此前盛大甚微火爆的游戏《龙之谷》，在 ARPU 值方面就超越其他游戏很多。其员工称：一般一款游戏的 ARPU 能做到 200 元—300 元就很不错，但《龙之谷》的 ARPU 值已经到达 500 元—1000 元的水平。过高的 ARPU 值使盛大利用《龙之谷》大赚特赚，而直接导致的现状就是过度压榨用户的消费，以至于《龙之谷》在走下坡路方面走得格外快。所以说，通过用户的消费金额和消费心态可以看出，暴力圈钱的方式已经逐渐行不通了。随着用户结构的变化，其消费必定会开始变得理性与保守。挖掘这部分用户的消费潜力还得靠商业模式创新。

目前，中国网络游戏市场已经开始调整策略，通过降低 ARPU 值，吸引更多"不付费用户"转变为"付费用户"的理念，让玩家觉得花钱等于没花钱，掏钱也更大方些。[2]通过这种对消费心理的不断引导，逐渐培养用户付费习惯，达到最终高用户付费率的目的。

种种迹象表明，玩家理智会与市场同步进化，没有近路可抄。这是一个需要格外关注用户需求的时代。从某种程度上来说，这也是行业洗牌、环境优化的必然阶段。只有良性的行业竞争才能够培育出高品质、高生命周期、国际水准的国产网络游戏。

1　吴勇毅.网游暴利时代终结［J］.南方周末，2010(5).
2　杨忠雄.今年网游 ARPU 值将降低付费率提升［EB/OL］.(2010-4-7)［2015-10-25］. http：//tech.qq.com.

第五节　游戏产业链未来衍生的几种可能

由我们之前列举的种种现状可见，游戏产业链可能会衍生出一个网状的产业链构造。网游业不仅仅是一个产业，更是一个企业的集成群体，它分别和出版业、电影电视业、制造业等其他企业构成网状产业链。这一网状结构必然催生相互之间的机制协调问题，在优胜劣汰中形成趋近成熟的产业链系统。

一、粉丝效应助力健全游戏产业链

由于游戏产业与许多行业具有高度融合性，尤其能与同属文化产业的电影、视频做到无缝链接，根据游戏改编创作的电影与视频越来越多。比如《寂静岭》系列、《生化危机》系列电影等均有不俗的收益。一般能改编成电影的游戏都是相对较火爆、游戏群众基础广泛的。通过游戏改编的电影与普通电影最大的区别就是通过游戏创作的电影在未面市之前就已经有了较为深厚的粉丝基础，这些粉丝也将成为电影取得票房的坚实后盾。

如果说制作电影所需资金多、时间长，那么制作一部相对简单的游戏视频也能达到一本万利的效果。一部好的游戏视频作品虽然在硬件上不如电影，但是却能打动玩家内心深处最柔软的地方。比如美国一部关于魔兽世界的感人视频不但叫中国同胞认识了 3 Doors Down 乐队，更使魔兽世界注册用户攀升，视频中的主角亡灵战士直接爆棚。

与游戏视频相比，游戏解说的制作难度相对更低。近几年，通过从 DOTA、英雄联盟等知名电子竞技游戏中涌现出许多被国内游戏爱好者所喜爱的游戏解说。所谓电子竞技解说就是在视频前放上自己的淘宝店铺宣传，从而将粉丝引入淘宝店铺进行营利。而每到知名电子竞技比赛的时候，也会通过玩家选拔出最受欢迎的解说，这个时候粉丝效应就表现得更加突出。这就像电影演员一样，粉丝越多，解说的星路相对就越平坦开阔。

然而我国游戏解说发展水平还比较低，没有国外那么专业，这也就意味着这里面隐藏着许多问题。凡是解说所经营的淘宝店差评较多，许多买家都留言表示自己是冲着某位解说才来的，但是购物过程并不是非常愉快。虽然有些解说在微博澄清，自己与淘宝店只是合作关系，但还是带来了一定程度上的负面影响。这种过早地透支自己声誉的事情在游戏解说界并不在少数。

粉丝效应在游戏中起着举足轻重的地位。比如你喜欢英雄联盟，同时又喜欢解说英雄联盟的电子竞技解说，即使有一天你不喜欢英雄联盟了，只要你还喜欢这个电子竞技解说，你就还会继续关注英雄联盟的视频，这就意味着，虽然你不喜欢一款游戏了，但是你却并不曾远离这款游戏，反之亦然。而粉丝效应也有利于游戏衍生品的销售，从而打造完美的产业链。在这个过程中，如何通过提高游戏玩家感受度，提高游戏粉丝数量是一款游戏首先要考虑的问题。

二、"泛娱乐"是打造游戏文化产业链的重要环节

在市场逐渐成熟的当下，跨界营销已经不是单纯意义上的跨行业的生搬硬套了，而是衍生成一个对游戏文化产业链发展至关重要的环节，涵盖

市场、企业、用户三个方面的体系，而催生这种化学反应的关键则是用户本身。

在移动游戏时代，由于移动设备的大量普及以及移动网络的大面积覆盖，任何社会人都是移动游戏用户，"玩家"的概念被延伸到每一个手持移动设备的人身上。数据显示，截至 2013 年年底，中国的手游玩家已经达到 5.28 亿，同时期智能移动设备的数量为 5.5 亿，[1] 也就是说，绝大部分智能设备用户都已经成为移动游戏用户，即使以往从不玩游戏的人，如今也成为手游的潜在用户，因此，在营销手段上必然会出现新的要求。

当每一个人都可能成为潜在用户的时候，营销手段必须要有足够的覆盖面。游戏用户的全民化固然让很多人察觉到宝贵的机遇，但想要把握好这个机遇，却并非想象的那么简单。

2013 年年初，"歌王"羽泉以投资人的身份亮相《龙之召唤》发布会，羽泉阐述他们对开发团队的投资经历，吸引了国内百余家娱乐和互联网媒体现场报道。同时，羽泉还化身为《龙之召唤》游戏中的角色，与玩家一同作战，提供亲笔签名的周边礼品，与玩家微博互动。这次同羽泉的合作也成为了手游行业第一次做跨界营销的案例。

事实上，这种明星深入到游戏推广过程中，影响并带领自己的受众群体进入到游戏中进行体验的营销方式并不复杂，只是在具体的操作层面、认知层面上要做很多细致的工作。用王可的话来形容就是三个词：准确、深入和及时。

首先，要找准用户，找准合作者，找准时间和切入点，对自己的目标受众有一个准确的把握，从而产生的效果自然也更加好。其次，必须深入地挖掘合作者的潜在价值，即不可停留在以代言形式进行的跨界营销表面，而是要从细节上让用户对游戏的辨识度更高，这样更加细致、更加符合跨界整合营销的特点来做的东西，其效果也显而易见。最后，不放过任

---

1 杨海燕."泛娱乐"是产业链的重要环节 [J].计算机与网络，2015(9).

何营销的机会：每当有其他领域发生传播性大事件，第一时间反应并应用到自己的产品上来，才能让跨界营销效果最大化。

当然，说到底，跨界只是一种形式，提供消费所需才是企业真正的目的。要认识到跨界只是一种形式，一种能覆盖更多用户群体的形式，跨界的目的是进行营销行为，而营销的目的让用户进入游戏，一次成功的跨界营销，能给游戏带来可观的用户规模。跨界的本质是通过创新解决新环境中的新问题，实现双赢，"跳出品牌看品牌、跳出行业看行业"[1]。大胆借鉴、嫁接其他产品、行业的思想、模式、资源和方法，并最终形成新的产业链条——"泛娱乐"。

以获得了 2014 年 Unity3D 大赛视觉金奖《无间狱》这款游戏为例，游戏画面质量自然毋庸置疑，在音乐方面更是以电影为标杆，通过大明星、著名的音乐制作和和词曲人做相关音乐，邀请日本最优秀的动漫团队制作动画片，同时利用到了多领域的资源去完成这款游戏。

但仅仅这样是不够的，作为该游戏的发行商，《无间狱》还准备打造第一张中国手机游戏的原创唱片，并实体发售，参加打榜，衍生出一个成熟的音乐产品；另外还将制作相关的影视剧，并由游戏中男女主角来饰演，也就说是，《无间狱》将同时衍生出游戏、音乐和影视三大类产品，全方位满足"泛娱乐"用户的多方位需求。

由此可见，当大家都在进行跨界营销的时候，当用户通过跨界营销开始聚拢起来的时候，一个新的产业链也势必会形成。移动游戏用户的特性决定了这个行业势必会与其他领域产生更多"化学反应"，这对游戏文化产业链的长远发展意义十分重大。

1　徐乃真.跨界营销在品牌传播中的运用［J］.营销策略，2013(7).

三、游戏平台化

2014 年，中国网游市场实际销售收入同比增长率高达 37.7%，产值突破 1100 亿元人民币，是文化产业乃至互联网产业中具有高赢利能力的明星行业，网游产业的海外出口也节节攀升，为国家的经济发展做出了重要贡献。[1]

而在整个网游行业中，又有一些网游企业已经探索出一条适合海外运营的方式。以往大部分网络网游公司通常采用授权经营、独立运营、联合运营的方式出口海外，经过了 10 多年的积淀，我国网游企业无论是在海外运营经验上，还是在海外市场认知度上，都有了很大提高，这就需要继续有机利用、深化整合自身的资源，搭建网络开放平台是其中的有力举措。

另外，目前的国际网游市场竞争日趋激烈，海外市场贸易保护也较为严重，在单个企业海外拓展遇阻的情况下，必须整合并利用优势资源，实现真正的"抱团出海"。目前，我国国内网游市场热闹非凡，产品众多，但活跃在国内市场的众多小企业的网游产品却无法顺利地走出国门，国际市场上也只是几大著名企业开展得如火如荼，因此，大型企业出口逐步攀升与中小企业的出口不畅这一矛盾必须予以解决。

因此，建立开放平台将成为解决上述系列问题的重要契机。现在看来，开放平台的优势在于其互助性、整合性、融通性与全球性，它是企业之间利用自身的运营资源进行互助合作，融通国内国外两个市场，实现企业全球化运作的重要途径。放眼未来，网游产业纳入全球化进程是必然趋势，这就要求我们必须努力寻求整合全球资源的有效路径。

中国网游未来的海外发展必须走"全球化资源整合"和"全球文化整

1　中国动漫游戏产业年度报告课题组 . 2013—2014 年中国动漫游戏产业年度报告［J］. 出版发行研究，2015(3).

合创新再输出"之路。[1] 更进一步看，网络的全球性也恰恰为游戏产业的平台建设提供了助力。特别是苹果商城在全球市场的成功，使我们进一步看到了以网络为依托，建构在线平台的可行性与重要性。

　　然而开放平台不同于单纯的应用商店之处在于，它为企业提供代理与发行的一站式解决方案，而非单纯的软件下载。从实际效应来看，开放平台模式最成熟的代表当属完美世界的"完美世界海外进出口平台"（Perfect World Import & Export Platform，PWIE 平台[2]）。完美世界作为已经连续几年位居我国网游出口第一的网游企业，已经成功将旗下产品出口到世界一百多个国家和地区，在海外拓展的过程中，其运营体系不断完善，积累了丰富的海外客户资源，为我国网游产业赢得了良好的认知度和口碑。2012 年 4 月，完美世界 PWIE 平台正式上线，这也标志着我国网游企业的海外运营进入了新的发展阶段。PWIE 平台包含针对研发商和运营商两方面服务。完美世界构建的海外进出口平台从其推出的那一刻起，就注定会给产业界带来巨大的模式变革。

1　池宇峰总结中国网游海外发展四阶段战略［EB/OL］.(2011-7-27)［2015-12-3］.http：//games.sina.com.cn.

2　完美世界发布海外进出口平台 PWI［EB/OL］.(2012-4-20)［2015-11-25］.http：//tech.163.com.

第八章

"生活即游戏"，游戏颠覆生活

在"互联网＋"时代，游戏并非是消遣娱乐的代名词，它将跳脱出纯娱乐消遣的功能而与我们的生活产生不可思议的联系，"游戏＋体育"将引领全民健身的热潮、"游戏＋医疗"将使疾病治疗更加立体、"游戏＋教育"将真正实现寓教于乐、"游戏＋生活"将让人们从平淡中发现美、从创造性事物中获得成就感。游戏，将在与互联网的融合中走入我们生活的各个环节。

在现代生活中，"玩物"未必"丧志"，游戏已然跳脱出纯娱乐消遣的功能而与我们的健康、医疗、教育、生活紧密相连，发挥出其带给人动力、乐趣和快乐的功用，让人们从平淡的生活中发现美和乐趣、从创造性事物中获得成就感。本章将从游戏与体育、医疗、教育、生活的融合发展现状来感受游戏对人类社会的颠覆。

实际上，那些积分、徽章、排行榜正是最基本的游戏元素，只不过被富有洞察力的企业以"游戏化"的方式应用到现实环境中而已。而不能否认的是，作为一个"人"，这些恰恰能够激发兴趣。[1]与生俱来的内在希望从平淡的生活中发现美和乐趣、从创造性事物中获得成就感。而另一方面，商业真的不能有趣吗？作为企业的经营者、管理者，是时候发展"游戏化思维"了，像游戏设计师一样思考，思考如何激发员工的自驱力，如何吸引潜在客户的关注，或是如何维持现有客户的忠诚度。游戏化是商业的未来，拒绝了游戏化思维，就等同于拒绝了企业的未来。

---

1 凯文·韦巴赫.游戏化思维：改变未来商业的新力量［M］.杭州：浙江人民出版社，2014.

第一节 "游戏 + 体育"：
让所有人爱上运动

《天天酷跑》是一款风靡全国甚至世界的手游，这款游戏的生命周期比较长，这与它的玩儿法、游戏设计的特性有很大的关系。而作为游戏制作方，腾讯也计划将这款游戏赋予更多的生命。除了游戏，还能丰富玩家的日常生活。希望玩家不仅能在游戏里跑步，更能将游戏体验延伸到生活中去。

2015 年 6 月 25 日，《天天酷跑》"酷跑 +"计划发布会在北京万事达中心举办。[1] 腾讯《天天酷跑》联合全球玩家互动设备与软件领导品牌雷蛇（Razer）、全球知名运动品牌新百伦（New Balance）、颜色跑（the Color Run）主办方与体育赛事管理商美国国际管理集团（IMG）、社交软件 QQ 和微信以及腾讯公益等六家不同领域的伙伴共同发起。

此举旨在加深用户对酷跑的感情和印象，增强生命力。其中与雷蛇的智能手环合作，就是希望用户带着手环去玩儿游戏，让跑步的步数回到游戏里面，又能够兑换成游戏的道具，自己在游戏里面玩儿得更好，形成闭

---

1 游戏全面"入侵"生活［N］.中国日报，2015- 6-10.

环的体验。从能够鼓励用户去参与到这样一些不同形式的生活中的，跟跑步有关的活动，也能够更好扩散到他周围的一些朋友跟他的整个的社交圈，从而让品牌具有更好的影响力。

从另一个角度讲，此举也与当下整个社会的关注点、时尚潮流有很大的关系。当运动变成一种时尚的时候，它会有更多新的基于社会的浪潮，出来很多的衍生产品。智能手环在这样一个时间点上，刚好匹配了科技的进步。越来越多的人，会把去跑步、行走当成他们生活中很重要的一部分，不是简单、纯粹的运动和锻炼身体。当这件事情成为一种社交行为时就可以衍生出很多的商机。

上面这个案例提示我们：未来，游戏不仅仅能给玩家带来快乐，还能够成为一种连接器，能够把更多的实体的、在现实生活中的各种各样的体验应用于游戏之中，产生更多跨界合作的机会。因为每一个游戏的玩家，不是纯粹的狭义的游戏人，他的生活面不是只有游戏这一面，是可以有很多面的。未来企业看待用户，也不仅仅是一个游戏玩家，而是一个现实生活中立体的人，游戏会成为他很重要的一部分，也能够让他游戏中带来的快乐，延展到他其他的生活方式里面去。具体的形式是每一个游戏都会有一个"+"的计划，当然也要看它的产品是不是适合跟某一个特殊的领域能产生这样的关联。所以说连接更多的服务，是一个最核心的目的。

因此，玩游戏不再需要投入非常长的时间、非常大的体验才能够玩儿好，而是投入一定时间，人们就能够获得很多的乐趣，同时拥有的健康的生活方式，也会促进这款游戏的发展，使游戏有更长的时间去走，从而达到延长这款游戏生命周期的目的。将游戏作为一个"链接"与虚拟现实相连的例子还有游戏垫虚拟化。使用这种游戏垫时需要配合虚拟现实头盔，头盔搭载了三个传感器阵列。由于这款游戏垫的摩擦力不是太强，玩家需要租用特制的"袜子"，才能在上面体验奔跑。玩家不仅可以四周旋转，还可以朝任意方向滑跑。在游戏垫 Virtualizer 的底板上有六个孔，其中的光学传感器可以跟踪玩家的脚步。当玩家踩在这些孔上时，计算机将计算出你试图走哪条路。这些传感器还将与绕在玩家躯干上的传感环进行串联，监测用户在虚拟现实中的位置，并调整游戏中的动作。

　　而安装在 Virtualizer 躯干环内部的传感器则可以监测玩家的身体高度，这样的话就能自动监测到玩家是否做了类似下蹲的动作，因为在很多游戏中，下蹲是需要通过专门的功能或按键去触发的。所有的步伐都是按照玩家动作进行的，不需要任何其他游戏内部的控制，各种运动都能靠腿来完成，而且一旦你掌握了操控的诀窍，还可以倒着走。不仅如此，玩家在虚拟现实游戏中的运动速度，完全是按照步幅来决定的，不过这可能需要一点训练才能达到理想效果。

第二节 "游戏＋医疗"：让治病不再烦恼

上面我们说到的是将游戏及游戏技术运用于体育运动中，这实际上是对于保健功能的一种探索，游戏思维同样也可辅助用于医疗。

在美国，一些医院的医生在面对老年痴呆症患者时，会把一些益智类游戏开成处方，这不仅是完全合法合规的，而且是医疗保险所覆盖的，也就意味着这类"游戏处方"可以报销。[1]事实证明游戏是有治病效果的，对低智、精神分裂、抑郁症都有效果——这可不是玩笑而已，而是一门已经有所发展的严谨学问。多年来医学家和科学家们试图通过电子游戏让病人愉快地得到治疗，在欢乐的过程中不知不觉就医好了病。

一、什么是"游戏治疗"

利用游戏进行疾病治疗是在近代心理学实验中渐渐发展出来的一门学问。一般是通过游戏来协助儿童将内在的焦虑外显化，并透过与游戏治疗师的互动，增加对自我行为和情绪的认识，促进个人发展，加强自我面对

1　郭小为.游戏修复破碎的现实［EB/OL］.(2013-12-1)［2015-11-14］.http：//www.
neweekly.com.cn.

困难时的信心和能力等。[1] 简单概括，就是用游戏对孩子进行心理辅导和矫正。为什么用游戏对儿童进行治疗特别有效？因为儿童在语言发展上有所限制，在游戏中会更容易流露真实情感。而由于科技的进步，游戏可以通过精心设计和多重表现方式，达到治疗的目的。

"游戏治疗"早在 20 世纪初就已经产生，发展源于精神分析学派将其理论运用于儿童身上。当时的"游戏"指的是广义上的概念，和今天医学领域普遍使用的"电子游戏"有所不同，但一脉相承。到了现代，利用广义上的游戏媒体（玩具、积木、棋牌等）对儿童进行各种辅导治疗已经有了充分的理论基础和学术论著，而电子游戏作为新的一种高科技游戏治疗媒体，也在高速发展的过程中。

二、"游戏治疗"不光用于小学生，也能用于成年人

随着游戏制作技术和工艺的快速进步，治疗的对象早已经不局限于儿童，应对的病症也不单单是心理上的问题。

2009 年夏天，当时正在撰写《游戏改变世界》（"Reality is Broken"）一书的美国未来学家简·麦戈尼格尔意外地得了脑震荡，常规治疗一个月仍不见好转，她甚至还陷入了"脑震荡—焦虑和抑郁—病症加重"的恶性循环。这时，游戏成了这位"游戏业女王"唯一想到能自救的方法。于是，她为自己精心设计开发了一款保健游戏——《超好》（"SuperBetter"），[2]通过设定一系列有利于病症康复的目标和激励奖惩机制，简·麦戈尼格尔更快乐更充分地参与到自身痊愈的过程之中。不到一个月之后，她就"差不多完全恢复了"。

1　毛颖梅.游戏治疗的内涵及其对智力障碍儿童心理发展的意义 [J].中国特殊教育，2006(10).

2　王晓帆.游戏照进现实是危险来临还是走向成功？[EB/OL].(2014-10-20)[2015-11-28].http://game.zol.com.cn.

　　为此，简·麦戈尼格尔用了整整 10 年时间，设计了一系列野心越来越大的游戏项目。"当我们不得不面对难以好转的严峻现实时，优秀的游戏能帮助我们更好地应对，她更加坚信——游戏不会带我们走向文明的灭亡，相反它们会带领我们重塑人类文明。"[1]

　　2014 年 8 月 5 日，《自然通讯杂志》（"Nature Communications"）上的一份报告则是更有力的例子：他们针对 11 位中老年抑郁症患者展开了研究，发现"玩特定电脑游戏可缓解抑郁症的症状，其疗效与服用抗抑郁'金标准'药物之一艾司西酞普兰（escitalopram）等同[2]。连续玩 4 周电脑游戏就可以获得通常需要连续服用 12 周药物才能获得的治疗效果"。

　　比如下面这个例子。

　　以《刺客信条》系列闻名的育碧在近日的游戏开发者大会（GDC）中发表了一款与加拿大麦基尔大学（McGill Univesity）以及儿童弱视研究机构 Amblyotech 共同开发的游戏作品《挖矿工快跑》（"Dig Rush"）。这是一款协助治疗弱视的游戏，同时需要有医师处方才能玩，玩家需要利用红蓝眼镜才可进行游戏，装上红蓝眼镜后，角色与目标的视觉情报会传达至左右眼，让左右眼同时发挥功能使玩家得以在游戏中过关，借此来加强双眼的协调能力及视力，让视力通过训练得以有效恢复。

　　这个游戏的画面几乎都是以黑白呈现，玩家本身所操作的角色与敌人以及目标则会有着各种颜色，必须用双眼同时看才看得出来。也因为有着红蓝颜色的东西都是过关所需要的，所以只用单眼的话是无法过关的，每个关卡也都会根据玩家表现来给予评价。麦基尔大学先前就已经使用类似的游戏来进行弱视的治疗，结果发现有 90% 的弱视患者每天只玩 1 小时，在 4—6 个星期内就可发现到弱视症状有恢复的倾向，虽

1　王晓帆.游戏照进现实是危险来临还是走向成功？［EB/OL］.(2014-10- 20)［2015-11-28］. http：//game.zol.com.cn.

2　Charles Choi.电脑游戏有助对抗中老年抑郁［EB/OL］.(2014-8-8)［2015-10-16］.http：//www.guokr.com.

然眼睛没问题的人不能玩这个游戏，但距离以游戏来治疗眼睛的梦想似乎更近了一步。目前全世界不管大人或小孩，都有许多人因为主流的遮盖疗法而受到外界异样的眼光，而《挖矿工快跑》的临床结果也显示出此疗法可减少长期配戴眼罩为患者带来的限制以及负担，弱视治疗机构Amblyotech 为了在美国推广这样的疗法，正与美国食品医药局（FDA）协调中。

"由于现在所使用的治疗方法，比如使用眼罩，所能提供的帮助非常有限，并且由于治疗时不舒适以及容易受到歧视，因此病患的依从性往往较差"，Amblyotech 的首席执行官约瑟夫·科扎克（Joseph Koziak）说道，"在与育碧公司达成的合作之下，我们可以就病患所采用的治疗方法进一步向医师提供完整且精确的图像，帮助他们监测治疗过程中病患的进展。""开发《挖矿工快跑》是一个让我们可以将自己在电子游戏开发领域的专业技能与知识用于让一个开创性的新奇治疗方案变为现实的绝佳机会"，育碧的高级制作人马蒂尔·弗兰德（Mathieu Ferland）说道，"育碧蒙特利尔工作室的开发团队可以为那些需要治疗视力不足病症的患者们创造一个引人入胜且充满乐趣的治疗体验，对于能够参与到这个让电子游戏技术为社会发挥出积极影响力的正面案例之中，我们感到非常自豪。"[1]

三、发挥游戏有意义的部分

如今，已经有不少关于"游戏和大脑功能关系"的研究引起了广泛关注，一些知名的医药公司、游戏公司都在这一领域展开了探索。因为游戏已经被很多研究证实有医疗作用，提升记忆、逻辑思维、社交能力等。随着智能手机的普及，手机游戏甚至可以和健康管理类产品完美结合，使得

1　游戏可治病：育碧开发游戏用于治疗弱视［EB/OL］.(2015-3-5)［2015-12-25］.http：//games.qq.com/a/20150305/00/224.htm.

这一领域的商业前景被人们所看好。

在 2001 年至 2003 年，美国有学者已经开始了关于电子游戏完善反应和腹腔镜手术中的全部技能的研究。[1] 他们在一篇名为《21 世纪游戏在训练外科医生中的作用》（"The Impact of Video Games on Training Surgeons in the 21st Century"）的文章中描述了研究结果。"33 名参与者在玩了 3 款特别针对该研究而选择的电子游戏之前和之后分别进行了测试。33 名参与者在名为 Top Gun 的技能测试中获得 33% 的分数。而一周玩游戏超过 3 个小时的参与者获得了 42% 的分数。"许多外科医生现在玩电子游戏都要求精确的移动，就像那些为了保持较高的能力和反应而用于腹腔镜手术中的内容。

与之相同的还有游戏《能干的购买者》（"Capable Shopper"），这款游戏能够帮助残疾人自信地应付日常琐事。《能干的购买者》设计了两种情景，一种有菜单，另一种提供杂货店视图，玩家通过导航在杂货店中寻找自己所需要的材料。这款游戏取得了很大的成功，甚至有人要求在残疾人服务中心的成人服务部门安装游戏及其必要组件。这一行为让我们获得了非主流商业领域的成功，也让我们对游戏"刮目相看"：如果这么做能给更多的人和群体带来帮助，难道不是一件很好的事情吗？万一治愈了某种疾病呢？

比如下面这个例子。

艾滋病这些年困扰研究人员的问题一直是：蛋白酶到底是怎样的？由 Seth Cooper 所设计的"Foldit"益智游戏中，玩家为了创造出稳定的蛋白质将尝试着改变形状。[2]"Foldit"中一个名为 Rosetta 的程序即是通过分布式计算去运行无数蛋白质"情节"。这使得无数玩家参与剖析艾滋病中的蛋

1　Slaton White. 游戏如何影响人类的未来生活？［EB/OL］.(2014-3-14)［2015-11-28］. http：//www.9k9k.com.

2　Slaton White. 游戏如何影响人类的未来生活？［EB/OL］.(2014-3-14)［2015-11-28］. http：//www.9k9k.com.

白酶结构。

虽然我们并不能期待每一款游戏都把治疗疾病当成目标，但游戏创造者都应该考虑去创造具有更多可能性、更多价值的游戏。游戏不是小孩的专属，也不应以商业价值为唯一衡量标准。它们应该是人们生活中非常有意义的一部分，是能够帮助人们解决问题的有益途径。

第三节 "游戏 + 教育"：
让学习方法更加多元

一、游戏和学习之间的界限正在变模糊

谁说只有游戏才好玩? 学习难道就不好玩? 从上文的描述中，我们已经知道游戏是一种特有的思维方式。游戏同样可以运用于教育，让学习变得更好玩、更有价值。今天，游戏将怎样变革数字时代的教与学?

游戏是人类学习和探索最初的形式，游戏的潜力远远超越了纯娱乐的领域。毫无疑问，游戏能让玩家全身心投入到复杂问题的求解之中，让不同玩家之间能够相互协作、相互竞争，让他们能够创造性思考并追求目标的实现。如果能将游戏的这些特性用于学习，效果绝对会很好。这一前提假设正在得到越来越多研究数据的支持。

有研究证据显示，游戏不仅对阅读、数学、科学基础知识具有积极效果，还对工业组织的技能培训具有良好作用。娱乐软件协会（ESA，2013）和欧盟（Newzoo 报告 2012）的最新数据显示，家长陪子女进行游戏的时间正在增长，而且 91% 的儿童都在以某种形式玩游戏。

玩游戏的现象在儿童中正越来越普及，这是不争的事实，但游戏能否

促进学习呢？ MindCET（2013）在最近一篇关于儿童和游戏的报告中，提供了对 1019 名 6—18 岁阿拉伯语和希伯来语年轻人进行访谈的结果。这些年轻人被问及玩电子游戏让他们学到了什么。有人回答说，游戏让他们学到了数学、科学、历史、语言这样的内容知识；也有人回答说，游戏让他们学到了技术技巧，例如如何建造建筑物、如何省钱、如何产煤、如何制作冰淇淋等；还有人回答说，游戏让他们学到了计算机技能，例如如何快速打字、如何搜索互联网、如何寻求帮助；还有人回答说，游戏让他们学到了情感和社交技能，例如如何在游戏中学会尊重、如何帮助他人、如何克服碰到的困难。游戏的前景在于，无论是未成年人还是成年人，参与度都能得到提高，让他们能够积极培养技能、学习内容、参与互动。这些也正是教育所需要的。

关于教育中是否应当引入游戏，这个问题仍然存在很大争议。我们还不知道，如何在学校这样的机构化教学场所利用游戏，让其最大限度地发挥潜能。但不可否认的是，游戏和学习的大环境正在发生翻天覆地的变化。

二、如何利用游戏潜能优化学习

过去数年间，世界范围内的企业和个体游戏开发者，都开始积极参与进来，评估游戏对学习的效果，开发促进学习的游戏。全球范围内，为儿童开发的游戏数量正呈爆发式增长的势态，而且越来越多的商业游戏也被开始用于课堂教学环境中。越来越多的人，包括基金会、政府、私有企业，都开始赞助基于游戏的学习应用。越来越多训练有素的游戏开发者都将目光从娱乐业转到教育业，越来越多的科学家都开始考虑将严谨的问题求解和大数据，同游戏这种参与性极强的教学工具结合起来。

由纽约游戏学院（Institute of Play）发起的"世界教育创新峰会（World Innovation Summit for Education，WISE）玩乐"项目，于 2009 年由

卡塔尔基金会主席谢赫·莫萨·宾特·纳赛尔殿下发起，是一项促进教育创新的跨领域全球性倡议。通过一年一度的峰会和一系列全年项目，WISE正在促进全球合作并构筑教育的未来。从创立之初，WISE一直相信教育能让个人和社会变得更加强大，相信优质教育应该是全世界所有人的一生之旅。其中，由来自六大洲的专家协作完成的"游戏教育地图"，旨在让读者大致了解基于游戏的应用有哪些体裁、内容领域、技术平台和受众。[1]

虽然该项目目录在表现上是国际化的，但它在世界各地的分布并不平衡。来自非洲、中东和拉美的项目明显较少。当然，我们并不希望情况是这样。这也从一个侧面显示出，除了数量和质量之外，全球多语言方面也存在很大的挑战。诚然，目录中不可能涵盖所有的优秀游戏，有很多优秀游戏并没能列入。不过我们希望，随着基于游戏的学习在全球获得越来越广泛的关注，越来越多的相关游戏能够被开发出来。玩乐项目只是通往这一方向的一小步，我们希望它能激发出更多能量和激情，让游戏和学习之间碰撞出火花，照亮未来的道路。

2015年4月16日，美国教育部公开表态称，电子游戏能够对儿童的教育发挥显著作用，教育部于4月底在纽约举办首届"游戏学习峰会"(The Game for Learning Summit)。美国教育部希望邀请教育专家、学生和老师以及游戏开发商和发行商代表参加峰会。实际上，早在2014年，为了响应奥巴马总统"我希望当你们痴迷于游戏时能学到一些有用的东西，而不是纯粹地浪费时间"的号召，美国教育部正采取一系列举措来让游戏更有教育意义，比如在白宫举办游戏论坛，这可能是游戏开发者最高的礼遇之一。

美国教育部预计，在念中学期间，平均每名美国学生会花1万小时玩电子游戏——与他们在课堂内听课的时间基本相当。粗略计算一下，1万小时相当于416天，以6年的美国中学学制来算，每位学生每天学习和

1 期待全人类都能意识到教育是基本人权［EB/OL］.(2015-4-30)［2015-12-29］.http://learning.sohu.com.

游戏时间都为 4 个半小时。领导"在游戏中学习"计划的马丁认为，以前的观念觉得游戏是一门高科技，很酷很好玩，不过也仅限于此，但是实际上游戏可以解决很多教育方面的难题。基于这一现状，教育部希望更好地利用电子游戏，提升学生受教育水平。

"过去有观念认为，电子游戏是一门奢侈科技，它很酷，却没法形成规模。"埃里克·马丁，美国教育部游戏学习主管表示，"但现在，我们有机会借助游戏解决现实的教育问题。电子游戏能够评估孩子们如何解决问题，如何克服在游戏情境内所遭遇到的挑战。从这个角度来看，游戏的价值不再局限于酷或有趣，而是成了一种真正的教育解决方案。"[1] 他认为育碧公司的很多游戏就可以被用于教育目的，例如音乐游戏《摇滚史密斯》（"Rocksmith"）、舞蹈游戏《舞力全开》（"Just Dance"）、带玩家探索历史的《刺客信条》（"Assassin's Creed"）系列及《勇敢的心》（"Valiant Hearts"）。

然而，美国教育部相信，游戏开发商仍需要获取更多信息，才能让游戏配合现有的教学课程。该部门教育科技总监理查德·库拉塔 (Richard Culatta) 表示，教育部之所以举办游戏学习峰会，目的之一是让游戏厂商与教师及学校领导们沟通信息，从而创作能够更好地满足教育需求的游戏。外国人对游戏已经如此包容，回头再看看那些仍然把游戏当作心灵毒药的论调，不由得感到我们还有很长的路要走。

2015 年 1 月 15 日，一群关注教育类游戏发展的业内人士在美国旧金山的 GitHub 总部举行了一场座谈会，探讨了"如何才能让未来教育类游戏更好地寓教于乐""开发者如何衡量此类游戏的效果"等问题。此次题为"超越《俄勒冈之旅》：利用研究为更好的学习类游戏铺平道路"的座谈会由教育技术资讯网站 EdSurge 和非营利性教育研究机构协和联盟（Concord Consortium）主办，标志着 Concord 进军美国西海岸地区。EdSurge 的托

---

1 美国教育部发话了：开发游戏得听老师的 [EB/OL].(2015-4-16)[2015-12-29].http:www.qiepa.com/2015/04/6594

尼·万 (Tony Wan) 担任主持，而120名创业者、教育从业者以及教育技术爱好者出席了此次座谈会。几位嘉宾强调了教育类游戏在题材、评估方法和实际应用上的拓展。索斯尼克谈到了如今课堂内丰富的游戏种类——除了传统的数学和历史类游戏之外，其他游戏题材还包括金融知识、乐理知识等。曾经在电子游戏巨头艺电公司 (EA) 担任创意总监的约翰指出教育类游戏近年来变得越来越富于趣味性，并且认为"商业游戏 (为教育类游戏) 铺平了道路"。

"一款优秀的视频游戏意味着一系列富有意义的选择。"约翰说道，"不管这些选择是对还是错。"这也正是经典教育类游戏《俄勒冈之旅》（"Oregon Trail"）与《数学冲击波》（"Math Blaster"）等游戏的不同之处——像后者这样的游戏"不过是一种对于正确与否的练习"，而这种对正确答案的选择"既无意义又无趣"。

随着游戏被越来越广泛地应用于课堂，学生的学习效果也需要有效评估。几位嘉宾谈到了让教师获得实用数据的重要性。"如果我们能向教师快速推送能让他们立即采取行动的数据，并且帮助他们进行分析，数据就可以极具实用价值。"约翰解释道。多尔西对此表示赞同，同时指出了评估数据的困难性和必要性。"把游戏做得好玩很容易，但是告诉你某人是否学到了东西绝非易事。"

然而，一味堆砌数据表本身并没有多大意义。一位创业者在观众问答环节表示，担心严格的效果监测会让游戏丧失乐趣，而约翰在回答这一问题时指出：开发者在乐趣与学习之间保持平衡的一个重要诀窍，是"把'我在监测你'变成'我在通过数据祝贺你'"。

第四节 "游戏 + 人生"：
让生活开辟新途径

　　过去有一款风靡世界的游戏：模拟人生 SIMS 系列，强大的代入感几乎把虚拟变成了真实的体验，而今这种虚拟即将成为现实。随着虚拟现实技术的大跨步发展，或许未来我们随时可以进入虚拟世界，虚拟世界有两扇门，一扇推开后会进入一个和真实世界一模一样的游戏，另一扇推开后是一个梦想世界，在那个世界里面我们可以忘掉现实成为一个自己希望成为的人，从外表到职业，从年代到背景，但一切的感受都是"真实的"。

（一）游戏入侵现实

　　浸视界、虚拟入侵（Ingress）是谷歌在 2012 年发布的一款游戏，名字听起来挺玄，确实也不是普通游戏，而是基于定位系统的现实感增强多人在线战略游戏。"在世界各地出现了神秘的异界之门，而只有被选召的人（玩家）才能看见"，这是 Ingress 的故事设定背景。这意味着，玩家们需要亲自在现实世界中移动到真实的地点中完成任务。这简直就是一档真人秀节目嘛！该游戏基于谷歌的地图数据，看看谷歌的宣传动画吧，秒杀一切二次元游戏！伴随着谷歌的实践，那些曾经只停留在科幻电影里的构想，也渐渐成为现实。[1]

1. 体感入侵

著名科幻小说《三体》中，描写了这样一套流程：进入三体前，需要穿上由一个全视角显示头盔和一套感应服构成的"V 装具"。通过记录视网膜特征，感应服可以使玩家从肉体上感觉到游戏中的击打、刀刺和火烧，能产生出酷热和严寒，甚至还能逼真地模拟出身体暴露在风雪中的感觉。这就是一种"体感入侵"，在科幻小说和科幻电影中很常见。比如柯南伯格的电影《感官游戏》里，展示的游戏"X 接触"等。游戏的驱动器成为一种类器官，通联神经系统，影响记忆和心情。

飞利浦公司早在 2009 年世界触觉大会上就展示了他们的一款概念作品："触觉夹克（haptics jacket）"这款夹克可以模拟焦虑等感受，让观众在看电影时模拟心跳加速，让人产生紧张等情绪，现在的 3D、4D 电影还仅仅是电影技术发展上一个小小的里程碑，更大的刺激还在后面。

2. 空间入侵

空间入侵在现实中的代表就是上文中提到的谷歌 Ingress。

斯蒂芬森的赛博朋克科幻小说《雪崩》里创造了一个"虚拟实境（Metaverse）"。这个三维的数字空间像一个平行世界，允许人们在其中用虚拟形象交流和娱乐。另外更加风靡全球的游戏"模拟人生（Sims）"系列，则相当于一个简单和低级版本的《雪崩》。想象一下，如果"模拟人生"可以做成三次元的游戏，玩家们会不会沉浸在游戏里不回来了？

而谷歌刚刚发布的 Ingress，需要玩家在现实的世界中移动、碰面、完成任务。这比游戏机 Wii 和 Kinect 的体感游戏的入侵要强烈得多。

3. 战争入侵

战争入侵是从娱乐到极端的最狰狞的显露。奥森·斯科特·卡德的经典科幻小说《安德的游戏》，讲述了为了抵抗外星虫族的攻击，人类成立

---

1 Lolima. 未来，游戏将如何入侵现实［EB/OL］.(2012-12-23)［2015-11-28］.http：//www.guokr.com.

了国际舰队，并在孩子们的身上安装了监视器，最后一名叫安德鲁·安德·维京的小男孩被选入到学校培训，哈里森·福特饰演的上校开始训练安德，使其变成一个领导力极强的指挥官。

其实战争类游戏在电子游戏中是很普遍的存在，如果真如游戏中一般操纵战争，会是怎样的景象？

4. 其他入侵

未来游戏对现实的入侵还有人际关系入侵和穿越式入侵等形式。

游戏对现实的入侵不会停止。正如我们在上文中提到的，游戏不过是人性的反应。如同人类进化史上最早的狩猎活动，考验着人类的智力、观察力、体能等综合能力，衡量人是否可以吸引异性繁衍后代。当文明发展起来，人们用竞技释放多余的经历，放纵本能。而在各种类型游戏中，玩家都要学习并成熟某种技巧，然后不断进步，取得更好的成绩，这从本质上说是人们残留的狩猎需要导致的。

（二）游戏渗透于生活细节

2009 年 6 月 24 日，英国《卫报》开发了一款游戏：《调查你所在地区议员的开支》，这款游戏以情感奖励的形式，吸引了大量民众参与处理政府文件，并从中找到了不少议员违规的证据。这一故事是以 2000 多名英国民众通过网络进行议员调查，并揭露了公款丑闻为背景。最终，这个游戏让数十名议员辞职，引发了彻底的政治改革。

再讲一个更有趣的案例：在一些地方的男卫生间的小便池里，设计者会画上一个苍蝇的标志物，人们就会下意识地尿到苍蝇上，而不会尿到外面。

不久的将来，当你站在浴室镜子前刷牙时，也许会看到在新闻头条的旁边有一个记分板，上面记录着你与邻居目前的"家庭碳足迹"排名。你的电动牙刷会发出声响并通知你，在过去的 6 个月中，保证一天刷两

1　郭小为. 游戏修复破碎的现实［EB/OL］.(2013-12-1)［2015-12-28］.http：//www. neweekly.com.cn.

次牙，为你赚得足够分数，可以在下一次健康检查中打九折。你洗完澡
（简单的淋浴，否则会影响家庭令人羡慕的能耗分数以及它带来的税捐减
免），穿件衣服，就可以在家庭办公计算机上参加公司晨会，边参与讨
论边回复邮件，由于你和同事都以个性化的虚拟形象出现在电脑屏幕上，
因此，完全不必担心有失礼仪。你出门去买菜，拿出自己在游戏中赚的
金币付账，在卖菜的收银台处安放的金币识别器，就自动扣除了买菜的
价码。另外，自从随意指定的销售目标被个性化的"生活测定计"所取
代（屏幕上会实时显示客户的积极反馈），你的生活将更有目的性，时间
管理也将更精确。

电子游戏设计师、美国卡内基·梅隆大学研究人员杰西·谢尔（Jesse
Schell）教授说："在未来，几乎生活的各个方面都会具有游戏一般的体
验，这是不可避免的。"他和许多游戏设计师坚信，将游戏带入生活，是
使公民更健康、提高工作效率的关键。"我们通常忽略了游戏的重要性，
但实际上它们是一种能快速提高解决问题能力的方式。"谢尔说，"如果游
戏设计得足够好，任何问题都可以变成游戏。"从改变饮食结构，到学习
一种新的语言，再到理解中东冲突，或是减少碳足迹。"这些都是很多人
不能或者从未考虑过的问题，但是游戏可以改变这些，因为从理论上讲，
任何成功的交互系统都会使人们愿意参与其中"。[1]

让实时数据的价值得到体现，是新的游戏生活中必不可少的组成部
分。这些数据来自支持全球卫星定位系统的移动装置、便宜的网络传感
器和其他技术。"所有这些个性化数据使我们可以开始测量一些在以前只
能在游戏或者虚拟世界中测量的行为"，美国麻省理工学院行为经济学家
丹·阿里利（Dan Ariely）说："我们可以极其详细地看出是什么激发人们
参与到各类活动当中，并将这些认识运用于人们不经常做的事中，例如按

1 米谷.Unreal is rea［EB/OL］.http：//www.migu99.com/newsDetail/145.htm.

时吃药或者记录能源消耗等。"[1]

提升虚拟人物形象和分数的同时，"拟人化的反馈"也非常重要。临床心理医生理查德·瑞恩（Richard Ryan）指出，有效的游戏"能以一种优雅的方式驾驭基本的人类动机倾向"。实时反馈比分数更能激发人们能力的提高。"人类是一种充满好奇心的动物，玩弄和掌控周围的环境是与生俱来的本性。"瑞恩评论说，"游戏可以很好地深入了解进化中人类的内在动机。"[2]

然而，谢尔教授也承认，"理论上有效的游戏很快就会变得令人沮丧并会起到反作用"。他甚至还专门将这种反作用普遍存在的未来命名为"游戏末日"（gamepocalypses）。在他看来，为了防止这一现象发生，最好的办法是把有才华的游戏设计师和娱乐界外的技术精英联系起来。心理学家兼游戏专家拜伦·里夫斯（Byron Reeves）对此表示赞同："所有在游戏中有效的心理机制都适用于现实生活。我们只有一个大脑。就像精心设计的游戏能够激发大脑中的奖赏中枢（reward center）一样，构思巧妙的交互系统同样可以做到这一点。这样，游戏将变得如同家常便饭，无须额外强调。"[3]

这就是研究者对把游戏作为一种改造世界的方式持乐观态度的原因。微软公司利用一款游戏性软件，使一个部门的员工流失率降低了一半。[4]在美国堪萨斯州和得克萨斯州，曾进行过一项名为"要事第一"的实验性数学课程，被应用于该地区的五所学校，将高中代数和几何知识划分为101个等级，鼓励学生就像在电子游戏中一样，首先根据自己的速度掌握基本概念，而后再进行升级。在这一项目实施的四年里，在州数学考试中，所

1　约翰·帕夫卢斯. 未来某一天，我们游戏人生［J］. 人物画报，2010(4).

2　米谷. Unreal is real［EB/OL］.（2014-5-30）［2015-12-29］http：//www.migu99.com/newsDetail/145.htm.

3　即将改变世界的 10 大科技创新［J］. 环球科学杂志，2011(1).

4　即将改变世界的 10 大科技创新［J］. 环球科学杂志，2011(1).

有五个学校的学生的成绩都有了两位数的增长，其中一所学校的学生成绩提高了将近40%。[1]

总而言之，我们不难得出言简意赅的结论：未来的游戏的目标就是强化人和机械的互动。而未来的游戏，也会让玩家和他们的计算机更加"密切"地互动。这便是未来游戏模式的核心，也是"游戏即生活"的核心。

---

1 即将改变世界的10大科技创新 [J]. 环球科学杂志，2011(1).

第五节　游戏终究是把双刃剑

经过上面的阐述，我们已经可以看到游戏并非是消遣娱乐的代名词。我们如此惧怕游戏大概是把因果颠倒了：那些沉迷在游戏中不能自拔的人，实际上是在现实中心理真正有问题的人。我们真正害怕的不是游戏怎么样，而是是否在游戏结束后，还能回到现实。

已故哲学家伯纳德·苏茨曾为游戏下了一个精准的定义："玩游戏就是自愿尝试克服种种不必要的障碍。"[1] 简·麦戈尼格尔非常认可这一定义，并进一步将其分解为游戏的四个决定性特征："目标、规则、反馈系统和自愿参与"。在这个定义里我们更多看到的是游戏带给人动力、乐趣和快乐的一面。

想要我们生活的环境变得更好，比说教更好的方式，是设计好程序和机制，科学的程序和机制能让枯燥的事情变得有趣，从而发掘人内心更好的一面。总之，游戏是一把双刃剑。

1　网游观察室:《沃土》，为什么秒删游戏？［EB/OL］.(2015-7-28)［2015-10-26］.http：//www.15w.com.

第九章

怎么做：3.0 时代的
动漫游戏从业者

虽说互联网的大风能够为各行业的发展助力，但并不是谁都能够借着这股东风扶摇直上，动漫游戏从业者究竟该如何做才能够获得更好的发展呢？本章将从动漫企业、游戏企业、平台企业、行业协会、展览会、创作者六个方面着手分析，来为行业内的实践者提供些许有益建议。

虽说互联网的大风能够为各行业的发展助力，但并不是谁都能够借着这股东风扶摇直上，动漫游戏从业者究竟该如何做才能够获得更好的发展呢？本章将从动漫企业、游戏企业、平台企业、行业协会、展览会、创作者六个方面着手分析，来为行业内的实践者提供些有益建议。

2015 年 7 月 9—13 日，第 11 届中国国际动漫游戏博览会（CCG EXPO）在上海世博展览馆举行。从展会上不难发现，在"一带一路、文化先行"的国家战略与"互联网 +"的新经济热潮下，动漫游戏已经成为拓展国际影响力、使中国文化走向世界的新纽带与新动力之一。尤其是"互联网 +"，正进一步撬动中国动漫产业"换挡升级"。那么，在这样的趋势下，动漫游戏的从业者应该如何顺应时代号召，借势而为呢？不少动漫企业、游戏企业、平台企业、行业协会、展览会、创作者们已经给出了它们的答案。

第一节　动漫企业怎么做

在产业化进程的初级阶段，我国的动漫产业链尚未十分健全，一些动漫企业为谋求发展，选择了多元化发展的模式。而"互联网+"的大背景，则给了从事动漫生产的企业、工作室甚至个人更广阔的发展机会。在当前动漫游戏产业大力发展的新形势下，能够培育具有自主知识产权的动漫品牌，提高动漫游戏产业创新能力，从而形成新的竞争优势，是企业升级的关键所在。如何成功打造品牌、拓宽销售渠道、走上独立创新的发展之路已经成为当务之急。

一、国产动漫：产业化只是十年的事

中国原创动漫虽然历史悠久、起步较早，但中国动漫走向产业化还是近十年的事。数据显示，自 2006 年中国动漫启动产业化进程以来，到目前还处于发展初期。我国动漫产业在这一阶段的主要特点是产品设计尚未成熟，行业利润率较低，市场增长率较高，需求增长较快，技术变动较大。不少业内人士公认，近 30 年的发展再加上近十年来的国家助力推动，我国的动漫产业在前两个阶段虽然经历了剧烈震荡，但已经逐渐稳定下来了。从之前的加工生产，已经有意识地转向了原创及具有风险性的一系列投资性产业走向。这十年来，中国动漫的商业化、市场化、产业化程度与日俱增，而其中问题也日益凸显。

第一，数量品质低，竞争力亟待提高。现如今，网络上任意一个动漫频道里面，有大量可选择的来自日本和美国的动漫作品，单从数量上来看就是国产动画百倍甚至千倍。如何提高产业竞争力成为我国动漫产业目前遇到的主要问题之一。我国的动漫产业缺乏的并不是市场，缺的是有竞争力的产品。只有产品的竞争力上来了，我国动漫产业的发展才能步入正轨。

第二，缺乏多样化，低龄市场独大。近年来，我国动漫产业发展迅速，诞生了不少诸如《喜羊羊》《熊出没》这样脍炙人口的动漫作品，目前已成为国产动漫"一线品牌"的代表。虽然这些动漫作品知名度不小，也取得了不俗的成绩，但很多"80 后""90 后"的成年动漫迷却并不"买账"，原因就在于动漫低龄化。在低龄化向更广层面覆盖拓展的过程中，产品设计尚未成熟是必然特点。具体到我国的动漫产业则主要表现为产品缺少多样化。

第三，本土特色浮于表面，内涵空虚。创作出有别于美国、日本动漫的"中国风"动漫作品，已经成为不少从业人士的努力方向。中华民族文化元素丰富多样，如何将其充分运用，乃至渗透进本土动漫作品，是从业者应该思考的问题。

为此，众多动漫企业都在极力寻找解决问题的办法，而它们的努力也在一步步推动国产动漫向更好的方向发展。"奥飞动漫"就是其中一个。

二、从产业文化化到文化产业化

做玩具起家的奥飞动漫，曾有"中国动漫第一股"的称号。虽然现在玩具及婴童用品收入依旧占到其总营收的八成以上，但他们也在进军文化产业的道路上。起初，奥飞动漫通过动漫引进、版权合作，通过动画片带动玩具销售，但是由于没有自主研发的产品使转型。比如：通过动画片的播映扩大动漫形象的影响力，推动玩具衍生品的销售，打通从玩具到动漫的产业链。

1. 全产业链布局

2013 年，寒假档上映的电影版《巴啦啦小魔仙》是奥飞动漫首次进军电影业态。虽与《巴啦啦小魔仙》上映时遭遇了《喜羊羊与灰太狼》大电影这样的强劲对手，其最终仍然取得了超过 5000 万元的票房收入，相关衍生品的销售额也接近 5000 万元。相信电影《巴啦啦小魔仙》从某种程度上强化了其整体的品牌效应，在"从内容制作到媒介推广再到衍生品生产"的全产业链整合能力加强了信心。

2013 年 3 月，奥飞动漫宣布与视频网站爱奇艺合作，将在爱奇艺动漫频道独家播出其九大动漫作品，其经营的"爱看动漫"软件可应用于移动端。衍生品方面，奥飞动漫突破"玩具独大"的局面，发展出包括游戏、主题公园（奥飞欢乐王国）、舞台剧、婴童产业等衍生品。[1]

核心业务方面，2012 年 6 月 28 日，奥飞动漫宣布收购广东明星创意动画有限公司（喜羊羊与灰太狼主创团队）70% 股权，[2] 提升动漫作品创造的能力。

由此可见，想要保证动漫作品的质量和数量不是一朝一夕就能完成的事。经过市场长时间的磨砺，动漫作品才能逐渐开拓衍生品、品牌授权等业务的发展，才会被更多的优秀平台吸纳，开始全新的产业化运作。只有在这个时候，真正从事动漫原创的团队才能踏踏实实专注创作，而不用费

1 奥飞动漫：玩具商的文化路径［EB/OL］.(2013-9-4)［2015-11-22］.http：//business. sohu.com.

2 奥飞动漫：玩具商的文化路径［EB/OL］.(2013-9-4)［2015-11-22］.http：//business. sohu.com.

心去做自己不擅长的事。

2.“互联网＋”预备腾飞

2014年，奥飞动漫也开始了大力拓展手机游戏、形象授权等业务的尝试，并以内生外延“双轮驱动”的方式，加强IP矩阵和“泛娱乐”产业化能力的布局。其主营业务开始逐渐覆盖内容创作、手机游戏、媒体经营、玩具营销、电影运营和婴童等领域。[1]力求加强IP阵容，提升内容创作能力、优化产业布局。

（1）持续打造国内领先的IP矩阵。2014年，奥飞以IP为核心，通过“内容投入＋市场推广”的方式，巩固和提升旗下知名IP的知名度和好感度。除《喜羊羊与灰太狼》之外，奥飞还整合了韩国动漫“贝肯熊”，在搜狐视频点击率超过12亿次，成绩不俗。“超级飞侠”，在韩国播出时，收视率在同类型动画片中排名第一。手机游戏、动漫平台、动画工作室和影业的布局，让奥飞动漫IP阵营新增了更多全年龄段品牌。

（2）手游为代表的“泛娱乐”业务成为发展新引擎。2014年，“泛娱乐”业务已经上升为奥飞第二大营收板块。2014年，其旗下子公司“爱乐游”上线了手游《雷霆战机》，占据苹果商店免费榜和畅销榜榜首超过一个月，[2]累计注册用户量超过1亿。同时，“方寸科技”旗下运营的热门游戏《怪物×联盟》《喵将传》《崩坏学院》等作品，在海内外市场都取得良好的口碑和流水表现。[3]此外，由起点文学白金作家忘语同名小说改编的《魔天记》也有不俗的表现。

（3）产品创新叠加渠道变革，玩具业务实现跨越增长。在渠道方面，奥飞坚定推进“扁平化”和“精细化”变革。2014年，基础市场从省会城

1　2014年报解读系列之优秀TMT企业合集［EB/OL］.(2015-4-28)［2015-12-6］.http：//moer.jiemian.com.

2　2014年报解读系列之优秀TMT企业合集［EB/OL］.(2015-4-28)［2015-12-6］.http：//moer.jiemian.com.

3　2014年报解读系列之优秀TMT企业合集［EB/OL］.(2015-4-28)［2015-12-6］.http：//moer.jiemian.com.

市延伸到地级市、百强县，经销商客户从 2013 年的 318 家增加到超过 600 家，品牌聚焦为奥飞消费品从大市场向大品牌，进而实现大单品模式的过渡奠定基础。

（4）高起点切入影业竞争，国际化布局全面加速。2014 年，奥飞成立影业公司，引进专业人才，于 12 月先后宣布与新摄政娱乐集团和《变形金刚》导演迈克尔·贝合作，并入股美国 451 娱乐集团。一方面获得包括好莱坞大片的收益分享、发行权和相关商品化权益；另一方面也借鉴好莱坞的先进理念和运营模式，更好地提升自身 IP 影响力。[1]

奥飞影业公司引入"贝肯熊"的国际化 IP、与"孩之宝"的合作项、玩具业务在北美引入专业人才等都是在国际层面的业务拓展。学龄前作品《超级飞侠》先后登陆韩国和美国市场，渠道方面也进一步巩固发展与沃尔玛等重点零售商的合作。[2]

（5）打通"内容＋媒体＋广告"传播全环节。2014 年，奥飞通过"内容＋媒体＋广告"来提升产业协同能力。在内容制作方面，上半年公司投资设立北京奥飞多屏文化传媒有限公司，负责电视内容的制作和多频分销，公司制作的《全家去哪儿》以及《全家一起上》等家庭娱乐节目，在嘉佳卡通播出后带动了收视攀升。

另外，奥飞提出打造"中国领先的家庭娱乐频道"的新目标，媒体平台布局和受众覆盖也全面加速。除此之外，好布局媒体广告运营，形成三位一体的媒体传播矩阵，有望在未来打造出强势多屏媒体品牌，成为稀缺性助推资源。

（6）电商授权加速发展，IP 变现渠道全面升级。奥飞目前已跟八大电商平台实现合作，同时加强授权团队建设、业务规划及整合，并引入行业

1　2014 年报解读系列之优秀 TMT 企业合集［EB/OL］.(2015-4-28)［2015-12-6］.http：//moer.jiemian.com.

2　2014 年报解读系列之优秀 TMT 企业合集［EB/OL］.(2015-4-28)［2015-12-6］.http：//moer.jiemian.com.

资深人才。在授权管理上向专业化时代跨进，并通过扩充创意设计团队的规模，提升图库及授权产品的创意设计水平，此举在于授权厂商提供了一站式的品牌营销服务。

第二节　游戏企业怎么做

中国游戏产业发展 10 多年以来，已经形成了年收入超过 600 亿元，带动相关领域近千亿元，用户数近 3 亿人的大市场。不论从发展速度，还是发展模式来看，均具备巨大的潜力。[1] 未来国内游戏产业的发展方向可以用两个词概括："'泛娱乐'化"和"全球化"。因此，相关企业应当早作打算，占领先机，日后才能在竞争中取得优势。

一、游戏产业："泛娱乐"生态中的重要角色

"泛娱乐"，顾名思义就是将各种娱乐方式娱乐内容广泛的结合起来，这正是当今时代人们对娱乐的诉求。例如，从网络小说到电视剧电影再到游戏的一条龙建设，可以充分挖掘资源，同时可以吸引固定的人群参与各种形式的娱乐内容，既拥有了市场，又节约了宣传成本。

在当今，国内游戏行业面临的最大问题就是创意题材不足，内容千篇一律，而且市场趋于饱和，想要抓住玩家的心不是件容易的事，这就需要"泛娱乐"来解决问题了。游戏产业的"泛娱乐"化将体现在与影视制作，

1　陈恒.发展轨迹缘何如此"完美"［N］.光明日报，2013-5-17.

出版发行企业合作，共同开发创作娱乐元素，或者通过版权代理的方式，将其他娱乐领域的内容借鉴到游戏里来。通过"泛娱乐"化的发展，游戏产业将介入更丰富的领域，这对于游戏企业而言虽然有一定挑战，但也是长久发展的必然选择。

1. 游戏产业"泛娱乐"的优势

首先，游戏研发成功率高。"泛娱乐"产业在中前期基本上以动漫、小说、影视 IP 为主导，具有 IP 的游戏定制研发以较丰富的 IP 素材内容为支撑，产品研发成功率较高（套用 IP 的产品除外），这就使 IP 价值最大化过程中压缩了时间成本，提高了产品成功率。

其次，游戏变现能力强。众所周知，具有 IP 的游戏产品在吸量与吸金的层面表现不俗，游戏企业为了争斗市场上的优质 IP，往往在游戏没有研发之前，就提前花钱代理了 IP 使用权，这种 IP 授权模式在 2014 年尤为火爆，其中也有不少 IP 游戏在市场上取得了成功，但也不可否认有相当一部分 IP 未能在游戏产业获得成功，是 IP 问题还是游戏品质问题我们姑且不做探讨。

最后，游戏本身可以作为"泛娱乐"的主导角色。优质的游戏本就具备大批量的玩家，"泛娱乐"在广义上可以理解为是基于互联网的粉丝经济生态，因此，游戏本身是具备在"泛娱乐"生态上做主导角色的属性，比如《魔兽世界》游戏衍生出来的影视、小说、周边产品等。

2. 游戏企业该如何应对"泛娱乐"趋势

首先，游戏巨头应加快"泛娱乐"生态的布局。加快"泛娱乐"生态布局，不单单在游戏产品层面，更应该是在粉丝经济运营层面去布局，包括代理 IP、创造 IP 两个方向，更多地可以通过资本布局的角度去布局"泛娱乐"生态，尽可能在"泛娱乐"产业的上中下游都有所布局。

其次，中型游戏企业应进行垂直领域的精品化布局。针对有一定资本实力、人才优势的中型游戏企业，在应对"泛娱乐"这个大趋势时不建议定位太大，而是可以在"泛娱乐"产品的垂直领域进行精品化布局，比如说在 IP 代理层面布局，结合第三方优质研发公司定制 IP 游戏，或者说专注自己的精品游戏研发与运营，用游戏的 IP 去挖掘其他附加价值。该类型的代表企业有中手游、蓝港、飞鱼、第一波等。

最后，中小型游戏企业不主动涉及"泛娱乐"产业。在没有特殊能力（关系）的情况，暂时不建议主动去涉及"泛娱乐"产业。坚持精品化的研发、发行路线，会比分心去布局"泛娱乐"产业的价值大得多，毕竟该类型企业在资本实力、人才积累层面无法与大公司比拼，在大战役上面往往会沦为炮灰。

二、游戏产业全球化

国内游戏开发制作水平不断提高，国产游戏在技术上已经可以达到相当的水准，尤其是在手游领域，国内开发的游戏 App 与国外没有太大分别，因此，走出国门，面向世界市场已有可能，这为全球化提供了技术基础。

游戏是世界人民共同的娱乐内容，大家在理解、接受游戏的角度上隔阂很小，不同国家的玩家很容易相互理解，没有诸多问题的限制和影响。对于游戏开发商而言，要做的仅仅是进行游戏语言的转换以及在全球化平台的推广，可以说并不困难。因此，游戏产业全球化是大势所趋。当然，全球化的过程不可能一帆风顺，从推广到适应本土玩家，再到效益的回报以及游戏之间的竞争，国内游戏企业还有很多问题需要解决。

第三节　平台企业怎么做

时代永远在变化，科技永远在进步，平台的发展也日新月异。平台如战场，各路企业在平台的"基础设施支持""浏览支持""内容选择"和"内容"四大关卡上尽显其能。"没有哪个平台能够永远吸引所有人，只有不断求新求变以顺应时代大势，平台才能存在和发展"。而在"互联网 +"的大势下，[1]"泛娱乐"已经成为"互联网 +"文化创意产业领域集中而负有成效的应用。

目前，"泛娱乐"主要展现出五大趋势。把握好这五大趋势是平台企业进一步发展的需要。

第一，任何娱乐形式将不再孤立存在，而是全面跨界连接、融通共生。互联网为娱乐提供了无限可能，只要粉丝效应打开了一个 IP，之后的各种娱乐体验都会快速融合复制，呈现星火燎原之势。[2]

第二，每个人都可以是创作达人。英雄更不问出处，任何人都可以是创作者，并通过互动影响创作者。消费即是参与，参与即是创造，创作者

1　王旸.平台战［J］.中国服饰，2014(2).
2　窦滢滢.打造明星 IP 腾讯深挖"泛娱乐"［EB/OL］.(2015-4-3)［2015-12-12］.http：//news.hexun.com.

与消费者界限将逐步被打破，每个人都可以成为创作达人，并实现自己的梦想。[1]

第三，移动互联网催生粉丝经济，明星 IP 诞生效率将大大提升。好的 IP 将通过跨界融合撬动更加庞大的粉丝群体，催生粉丝经济。未来明星 IP 的诞生效率会远超现在的想象力。

第四，娱乐思维或将重塑人们的生活方式。充满趣味的互动体验才最符合人的天性，解决问题的同时还能提升人类的幸福感。[2]未来，互动娱乐思维很可能会融入到我们的衣、食、住、行、娱乐、购物、教育等方方面面，彻底改变我们的生活方式。

第五，科技、技术、人才、自由连接。每一个有才华、有梦想的年轻人的自由联结，将催生出一个人才辈出的大创意时代。[3]

1　周志军."泛娱乐"：以最生动方式与他人分享［EB/OL］.(201504-3)［2015-12-26］. http：//www.zjcnt.com.

2　刘佳.腾讯副总裁程武："泛娱乐"时代的五个趋势［EB/OL］.(2015-3-30)［2015-12-31］ http：//www.yicai.com.

3　窦滢滢.打造明星 IP 腾讯深挖"泛娱乐"［EB/OL］.(2015-4-3)［2015-12-22］.http：// news.hexun.com.

第四节　行业协会怎么做

一、动漫游戏协会是什么

动漫行业协会，是一种中介组织，主要有组织、协调、服务、监管四大职能。作为一种中介组织，动漫游戏行业协会能够在政府和动漫企业中间，以第三方地位成为二者信息沟通的桥梁。对于行业企业来说，行业协会能够积极将政府政策传达给企业并给出发展指导意见，以促进其更好地发展。对政府而言，行业协会也能够在履行统计、调研等职能时，将企业的发展情况和需求如实地反馈给政府，以利于政府对行业的发展制定出更加合理的产业政策和行业规范。充分发挥好行业协会的作用能够让行业的发展更加独立、自主、健康。

在互联网发展的今天，动漫游戏企业的发展思路与思维都应该及时得到调整，以适应快速变化的环境。行业协会应该在这场变局中发挥指导、沟通和监督作用。

二、3.0 时代，动漫游戏协会该做什么

1. 创新企业协作互助平台

互联网时代，动漫游戏协会本身应该利用好互联网这一工具，构建动漫游戏企业相互合作的新型平台，以利于人才、技术、业务合作等资源能够更加方便地在企业之间流通共享。互联网虽然让信息的获得变得更加容易和公平，但是大量信息的存在也为有效信息的筛选增加了成本，行业协会应该积极利用好大数据为企业服务。2015 年 7 月，国务院办公厅印发《关于运用大数据加强对市场主体服务和监管的若干意见》，鼓励政府引导专业机构和行业组织运用大数据完善服务。发挥政府组织协调作用，在依法有序开放政府信息资源的基础上，制定切实有效的政策措施，支持银行、证券、信托、融资租赁、担保、保险等专业服务机构和行业协会、商会，运用大数据更加便捷高效地为企业提供服务，支持企业发展。

同时，协会应该积极调研会员企业发展需求，引导动漫游戏企业与互联网、资本等对接，搭建平台，促进 3.0 时代动漫游戏的创新发展。

2. 创建绿色网络动漫游戏市场

互联网的低门槛虽然放宽了准入条件，为动漫游戏的创作带来更大的空间，但同时也滋生了许多烂俗低俗恶俗的黄色暴力内容。行业协会应积极发挥监督职能，设立行业标准，打击黄色暴力内容，同时也及时制定适用于互联网时代行业规范，规范企业行为，维护市场秩序。

电影行业已经率先迈出一步。2015 年 7 月，中国电影发行放映协会、中国电影制片人协会印发《电影票务营销销售规范》（以下简称《规范》）。《规范》适用于从事电影票务营销销售的制片、发行、院线、电影院、电子商务机构及其从业人员。《规范》要求，相关方与电商等电影票代销机构需遵循发行放映合同的有关条款，签订电影票代销（结算）合同。电商等电影票代销机构可积极开展促销活动。电影零售票价、活动票价标注及

结算均不能低于发行放映合同中的协议票价。影片促销活动中折扣部分由促销方按协议票价补齐，超过协议票价的按实际票价结算，服务费除外。《规范》还要求，自动取（售）票设备不得从票价中提取费用。"[1] 该《规范》适应了时代，把票务电商正式纳入规范。动漫游戏行业协会也应积极制定适应新时代特征的行业规范，保护企业合法利益，维护健康的市场秩序。

3. 保护新媒体动漫游戏版权

数字化存在于网络中的动漫游戏虽然让动漫游戏形象更生动和易于传播，但是，同时也带来了复制的低成本。动漫游戏形象在网络上随处可见也易于获取，那么这些形象的衍生品市场就难以被形象拥有者控制。从网络上下载下来的形象可以随处被印制在书包、文具、贴纸上，这些将会严重影响到版权拥有方衍生品的收益，不利于提高动漫创作者的积极性。因此，动漫游戏协会应该积极发力，保护这些数字化的动漫游戏版权，制定行业标准，完善授权机制，主动引导衍生品制造商与版权方对接，保护版权收益的同时，也维护了正常的市场交易秩序，让新时代的动漫游戏产业健康发展。

---

1 方璐.猫眼单月22亿交易额引质疑票房透明化呼吁再度沸腾［N］.21世纪经济报道，2015-8-25.

第五节　创作者怎么做

一、3.0 时代的动漫游戏创作攻略

1. 谁是我的观众

"动漫是给小孩子看的"这句话在国产动漫界是耳熟能详，虽然很多人已经真正意识到成人动漫的存在，但大部分国产动漫在政策补贴与电视播放渠道的压力下依然是"给小孩看的"。而在互联网时代，这种想法是一定落伍的，低门槛、低成本的动漫制作和传播平台给了国产动漫更大的创作空间。动漫领域的市场正在逐步走向细致化，很难说你创作的一部动漫是全民都喜欢的，所有人都热爱的。我们需要找准我们的观众，为我们的作品定位。找到目标市场才能找到互联网时代最重要的存在——粉丝，才能够更进一步地进行有针对性的推广和营销，在对粉丝的引导和培育中点燃"粉丝经济"的火把，最大限度地挖掘作品的价值，形成产业性的开发。

近一两年网上出现的《十万个冷笑话》《不良人话江湖》等产品，目标受众都是成年人，借助网络的传播，非常火爆。"这些就是在细分市场和类型作品上获得了收益，也占领了相应的一部分市场份额。做细分市场，大伙走不同的路线，夺回自己面对的那一小份'土地'，最后合起来

才能形成一个真正的有力的产业。细分市场，不仅有利于产业内部的百花齐放、良性竞争，也对我国动漫产业的整体发展、走向正轨有着极为关键的作用。"[1]

2. 粉丝，你喜欢我的作品吗

著有《兔子帮》《猫猫虎》等作品的漫画家十九番认为，利用互联网的沟通便利，让作者与读者交流更加方便，以此增加读者黏性："以前可能要通过杂志等媒介或者通过线下的活动与读者交流，现在，只要很简单的通过一部手机，就可以实现跟成千上万的粉丝交流和沟通。"十九番用微信公共平台、QQ 群举例，"这就是接触粉丝最好的地方。可能以前作者一门心思埋头画画，把这些活动交给编辑部，现在省掉很多的中间环节，QQ 群、朋友圈都是可以跟读者打交道甚至刊载、刊登表现作品的平台。而这些手段也都增加了创作者和读者之间的黏性。对我们创作者来说，最好的利好就是可以随时获得读者对作品的反馈，甚至可以获得读者给我们的灵感和建议，可以创作更符合读者口味的作品。"

动画导演戈弋说，最近几年感到互联网的到来让创作的思路和来源变得不再局限于自我。"比如想做某些题材的东西，因为我们来源渠道更多关注在网上得到的信息，最近网络上流行什么，包括未来的题材，大多来自于互联网比较受关注的题材，所以对我个人而言检验一部作品的力量可能不再是影音，更多来自网络。"

3. 尊重粉丝、尊重市场

首先，为什么要重视粉丝。只有意识到粉丝是动漫发展的重要因素，才能将目前的"政策本位思维"真正彻底转向"市场本位思维"。从粉丝出发才能知道粉丝真正需要的是什么，才能学会如何研究用户，如何吸引用户，如何打动用户。由需求来决定产品的制作和推广才能真正俘获粉丝的心。

1　刘莉莉，肖琳亚.互联网＋国产动漫＝动漫强国？［N］.天津日报，2015-7-1.

　　同时，粉丝的聚集能够为更广泛产品的开发打下基础。如今，互联网的快速发展催生了"社群经济"的热化，而互联网裂变式的传播效应将使口碑变得异常重要。因此，在这场变革中，不能仅仅将互联网视为工具，而应该在利用其功能外转变发展思路，将口碑的来源者——用户放在重要的位置上，研究用户需求，并将用户培养成粉丝，打造"粉丝经济"，这样才能在众多商品中脱颖而出，拥有自己的品牌忠诚者。

　　这些忠诚者因为共同的喜好和信仰聚集在一起，获得共同的心理宣泄。这样消费者与产品之间就被情感所维系，而不是简单的供需关系。良好的培育和经营者中情感性关系能够引导用户主动参与到产品的消费和传播中。只要这种情感还存在，消费者就有持续购买产品的欲望。因此，真正能够让消费者产生购买欲望的应该是能够在精神上填补和引领消费者的品牌。而一旦这种填补和引领产生，消费者对产品的需求就转变为追求。

　　可以说，粉丝经济实际上是一种精神消费。人们在物质生活获得满足的今天，精神层面的需求亟待填补。再加上网络消费群体大多是"80后""90后"，这些人大多属于独生子女，且处在社会变革期。多元化思想观念的存在使得他们急需在这个世界中寻求"自我认同"，因此也更希望加入到某一自己认同的社群中，找到自己"同类人"，这实际上也是希望得到精神层面的满足。这种归属感正是粉丝族群能够给予的，一旦这种族群的共同性被某一品牌满足，那么整个群体都将成为这个品牌的"俘虏"。

　　"在 2015 年 4 月举行的全球移动互联网大会上，阿里移动事业群总裁俞永福提出，'互联网'的本质是重构供需：供给方充分利用原有的闲散资源，挖掘需求潜力，从而创造出原本不存在的交换场景。一个社群自发聚合起来的成员，从商业角度来看，他们有着相似的需求，但这一需求在社群出现之前可能未被满足。比如，年轻人对个性意识的坚守、大龄单身女性对爱情的执着、快节奏生活对精神家园的渴求……这些在传统商业中看似无法对接的需求，却在社群经济语境下成为可能。商家通过了解社群的鲜明特征，把握成员共同需求，将产品与社群的特性进行对接，开发出新的消费模式，制造出一个个为认同感买单的消费群。"[1]

其次，如何赢得粉丝？要赢得粉丝需要抓住粉丝的心理，满足粉丝的需求。但这种满足不仅能在营销推广过程中，也必须在产品内容上去打动粉丝。现今，互联网的发展在降低营销成本的同时，也降低了"谎言"的成本。虚假宣传、跟风宣传、夸大宣传处处存在。而这种欺骗实际上在最终内容呈现的时候是逃不过群众的双眼。如 2015 年，一部由厦门蓝火焰影视公司出品《汽车人总动员》引起了网友和动画界内的专业人士的愤怒。这部电影的宣传海报与除了被轮胎挡住的"人"字外，其他与皮克斯的经典动画片《汽车总动员》一模一样。电影主角形象也与《汽车总动员》一致。更是有网友直指"太明目张胆，当中国小孩是弱智吗？"[2]这种欺骗受众的行为可能能够一时间抓住大众眼球，但最终的结果只能是在唾骂声中草草收场，因为真正能够维系粉丝关系的是作品本身的质量。文化产业是以内容为王的产业，内容如果不是真正能够打动观众，粉丝就难以集聚，品牌也就难以形成。

二、《十万个冷笑话》——"流淌着互联网血液的作品"

李靖、哪吒、匹诺曹、白雪公主、女王大人、小金刚、鸟不拉屎大王……这些神话、童话故事里的人物曾于 2012 年在一部叫作《十万个冷笑话》的动画网剧里逐个亮相，该剧的风格被称为"中国版搞笑漫画日和"，仅仅在两周内，就赢得单集破亿的播放量。如今，网剧升级电影，这群最熟悉的动画陌生人也终于欢聚一堂，得以在大银幕上与大众见面。而作为电影上映的《十万个冷笑话》则获得了总共 1.19 亿元的票房。同时，这部电影在创作过程中就获得了"来自网友的 137 万元众筹启动资金，吸引了

1 许茜."社群+"：制造为认同感买单的消费［N].科技日报，2015-7-10.
2 《赛车总动员》遭国产动画山寨网友：当中国小孩弱智吗［EB/OL].(2015-6-3)［2015-12-28].http：//ent.ifeng.com.

多家投资商、产品经销商及互联网媒体的参与加码，最终获得 3000 万的制作宣发费用，并整合了超过 2 亿元的营销资源"。¹ 这样草根的一部动漫电影到底为何受到如此多人的青睐？

1. 奇葩的主角们——其实正是二次元物种

《十万个冷笑话》第一集的选题就是一个亮点。当时并没有按照原本漫画的顺序，而是首先选用了"哪吒篇"这个人们耳熟能详的故事。原本在我们印象中的哪吒是一个可爱的男孩子，但是漫画和网剧中哪吒却是一个拥有着萝莉脸庞、萌妹子声音和浑身壮硕肌肉穿着健美衣的男孩，二次元的受众非常喜欢这一设定，且爱之深。之后的"福禄篇"（葫芦娃），各种有趣的设定也征服了诸多二次元同好。可以说以上这些神奇的设定都非常巧妙地抓出了 A、B 站各位二次元生物的喜好。脱线的行为，离奇的设定（百分百被空手接白刃）和无处不在的评论，这些都是可以吸引到很多二次元生物的亮点！这样也顺利地在 A、B 站聚集了一大批高质量粉丝。

2. 弹幕——另一种交流形式

在微博和弹幕网站上都取得巨大成功的《十万个冷笑话》，也进一步拓展了自己推广的步伐，其实也可以说是粉丝帮助他们走得更远。之后与优酷的合作和杰伦加盟配音组其实都是第一批粉丝的功劳。

单是这样还不够，《十万个冷笑话》每部片头给"有妖气"巨大的 LOGO，这也的确帮助他们吸引到了巨大的流量，与此同时，"有妖气"也意识到《十万个冷笑话》的火爆，除了本身题材的优秀和这种简单粗暴的笑点之外，A、B 站视频上的弹幕互动也拉高了人气。所以，"有妖气"也在漫画页面上添加了弹幕功能，借此来提高用户之间的互相交流和用户黏性。

3. 与互联网同生共长

最初的"有妖气"上，连载着由寒舞创作的人气极高的漫画作品《十万个冷笑话》，单页浏览量就高达 3 万。这部漫画作品受到日本动漫

1　飞鸟凉.80 后主创们的"青春大冒险"——《十万个冷笑话》电影养成记 [EB/OL]. (2014-12-29) [2015-12-20] .http：//www.mtime.com.

《搞笑漫画日和》影响，极具无厘头和有趣风格。"有妖气"创始人董志凌喜欢研究日韩传统的经营模式，同时也在为自己的网站寻找一份可持续发展的商业路线。他认为参照《柯南》的轨迹，漫画是处理成本比较低的创作形态。如果在这种形态下获得认可的话，就把它升级到动画成本。如果动画形态依然能被市场接受的话，可以走向电影及其他改编衍生品的发展。《十万个冷笑话》漫画就是在这样的运营思路里，被翻拍成动画短片，故事主打无厘头和有趣，十分钟一集。2012 年 7 月上线后，引起各界粉丝的强烈反响，就连周杰伦后来在为自己的电影《天台爱情》宣传之际，也不忘搭一搭《十万个冷笑话》网剧的人气，甚至倾情配音，表示"不错哦"。

《十万个冷笑话》的导演几乎都是科班出身，都有过十多年的动画积累，从闪客年代在网上自己做 flash 动画起，到学习做原创动画短片，几乎能够包办了导演、编剧、剪辑、音效、合成等多个环节。不但配音不在话下，唱主题曲也是信手拈来。他们说："所有成功的作品能够被大家看到的人，你永远不会知道他们在成长经历中做了多少准备。"

不可否认的是，以"80 后"为主体的中国原创动漫人一直被日本动漫影响着，无论是漫画还是动画版《十万个冷笑话》，都有着《搞笑漫画日和》的影子。2010 年替《搞笑漫画日和》中文配音的宝木中阳也为《十万个冷笑话》里的李靖等多个角色配音。随着时间的推移，《十万个冷笑话》慢慢在中文互联网形成属于自己的独特文化和受众群。

4. 找到青春的调性

《十万个冷笑话》当时的热潮，还"波及"了不少圈外人士，比如彼时还在万达做营销宣传的《十万个冷笑话》后来的制片人陈洪伟。一次他跟苏宁易购的朋友聊天，对方与他说："有个叫《十万个冷笑话》的网剧特别有趣，我们还在里面植入了广告，你知道怎么植入的吗？我们把太上老君的炼丹炉置换成了我们的苏泊尔电饭锅。"这种广告的方式当时并不多见，陈洪伟觉得有趣，当晚就把这网剧动画找来看了，一发不可收拾，他自己也陷入其中成了剧迷。他觉得，这部短剧有着某种"在'无意义'

中找意思"的"时代之音"，符合当下年轻人的青春调性，有一定的电影潜力。

5.《十万个冷笑话》电影背后有 5000 位微投资人

"众筹"这个新玩法，因为淘宝娱乐宝加码在《小时代》等颇具卖点的电影项目上，曾在 2015 年暑期档掀起过一阵不小的关注潮。《十万个冷笑话》的制片人陈洪伟告诉记者，《十万个冷笑话》电影启动宣传以来，他接到的采访需求多半与众筹相关——很多人将其看作是一种电影投资行为，但他认为并非如此。至少，在他眼里看见的，所有《十万个冷笑话》电影的众筹参与者，其出发点是基于对这部网剧的喜爱，要的是荣誉感、参与感，而不是投资回报率。陈洪伟直截了当地表态："电影这个事情，众筹不现实，如果是个很激动人心、令人尖叫的项目，那你不会缺钱，好多人抢着投。"

第六节　动漫游戏展会怎么做

一、动漫游戏展会与互联网的前世今生

自我国开展互联网建设以来，中国网络游戏市场就已经开始实现快速的增长。如今，随着中国网民规模，特别是手机上网用户规模的快速扩大，为网络游戏产业提供大量基础用户，进一步推动了游戏产业的快速增长。可以说，正是互联网的飞速发展和普及，带动了我国相关的游戏产业发展。所以，越来越多的互联网企业或出于自身发展需要，或是业务涉及与游戏产业密切相关，或是出于其他原因，纷纷开始朝着游戏行业不断地拓展与融合。这样一来，一方面，动漫游戏展会上，越来越多的互联网企业加入参展商行列，展现着互联网与动漫游戏的融合创新成果；另一方面，动漫游戏展会运用互联网这一工具对展会形式进行创新，完善展会服务，与互联网结下了不解之缘。

二、惊艳的 ChinaJoy

1.ChinaJoy，互联网企业与你拥抱

中国国际数码互动娱乐展览会，简称"ChinaJoy"，是继美国 E3 展、日本东京电玩展之后的又一同类型互动娱乐大展会，尤以网络游戏为主。历届 ChinaJoy 在充分展示国际最前沿的数码互动娱乐产品和技术的同时，也是中国政府机构传达产业政策、获取市场信息、了解产业发展状况以及吸收国内外企业意见、建议的窗口。

随着近几年互联网产业的蓬勃发展，ChinaJoy 这个原本以游戏产业和动漫产业为主的盛会也在逐渐受到互联网企业的影响，正悄悄地发生着一些变化。在 2014 年的 ChinaJoy 上，以支付宝、乐视 TV、小米为代表的这些以经营非游戏业务为主的互联网公司纷纷加入进来，为 ChinaJoy 增添一抹别样的色彩。

ChinaJoy 之所以会出现互联网企业"鸠占鹊巢"的现象，笔者认为有以下三个方面。

第一，ChinaJoy 本身就是一个极其重要的盛会。经过这些年的不断发展，无论是人气的积累还是影响的范围都处于历史最高位。作为中国游戏发展和成果的最重要展示窗口，ChinaJoy 俨然已经成为中国游戏面向世界的一面旗帜。

第二，ChinaJoy 在国内拥有极高的人气。在众多媒体和玩家的眼中，每年一次的 ChinaJoy 已经不仅仅是游戏厂商展示其产品的平台，同样也是媒体争相报道以及玩家们聚在一起狂欢的节日。

第三，互联网企业不断地发展与融合，游戏行业恰是一个很好的融合方向。随着我国互联网（包括移动互联网）的高速发展和普及，其带来的影响也日益深化。正因如此，那些伴随着我国互联网发展而诞生互联网企业才会逐步发展并壮大，把互联网延伸到与我们生活密切相关的各个角落。如今，互联网已经紧紧融入我们的日常生活，成为生活中不可或缺的重要组成部分。

今后，随着国家逐步实施"互联网 +"计划，互联网产业将继续加速发展。今后将有更多的互联网企业出于自身需要而出现在 ChinaJoy 的舞台上，ChinaJoy 将成为互联网企业眼中的一场盛会。互联网企业的加入对于 ChinaJoy 本身来说，将会促使参展商数目和场馆规模进一步扩大。

2.ChinaJoy 由线下连接线上的 O2O 游戏盛会

ChinaJoy 已经走过 13 个年头，观展人数、展会规模每年都在不断扩大，影响力与号召力与日俱增。13 年，足以改变一个人的人生轨迹。13 年前，手机在中国才刚刚普及，13 年后，O2O 领域已开始逐步影响这个中国游戏圈最为重要的游戏盛会，ChinaJoy 也经历着从线下到线上和线下相结合的蜕变。

2014 年 6 月，ChinaJoy 主办方北京汉威信恒展览有限公司与支付宝展开合作，ChinaJoy 门票可通过支付宝销售，观众可在场外用支付宝钱包客户端扫描门票二维码，直接通过手机完成购票。而在 2014 年 ChinaJoy 正式开幕前，支付宝钱包售出的电子票已超过 6 万张。长久以来，顶着烈日花费大量时间排队抢购纸质票的方式得到大幅改善。此外，在过去几年举办的 ChinaJoy 上，移动支付体验、用支付宝在便利店及餐厅消费、免费上网都带给了观众全新的便捷与享受。

说起 O2O，这几年一直是互联网行业最热门的领域之一，这一领域的创业团队越来越多，资本也逐年增加，O2O 不知不觉已经开始走向千家万户，每个人的衣、食、住、行，都将有可能在 O2O 模式下发生巨大的变化。技术层面的革新，特别是随着移动智能手机的普及和移动互联网的不断发展，人们的习惯也被数字化不断影响。许多消费、交易和营销行为都发生了变化。在 2015 年 ChinaJoy 上，便捷的酒店预订 App、打车拼车软件、便捷的地图工具给参会人士和玩家们提供更多细分领域下的服务与帮助。

2015 年，ChinaJoy 变得更加美好，主要表现在以下几方面。

首先，令周边不再困难烦琐。

ChinaJoy 上最吸引观众的内容之一就是各大厂商推出的有趣好玩、各式各样的周边。很多年前，玩家们需要在某个厂商展台前排上长长的队去认领喜爱的周边。而现在，无论是微信订阅、二维码扫描或是其他途径，观众都可以足不出户提前在网上预约，进场直接扫码获取，不再需要焦躁的等待过程。

其次，来去会场方便快捷：公交出行自然要提倡，有急事的观众或客人仍需要开车或打车来到现场。打车软件的功能更加方便，种类也更加多样。拼车软件甚至也加入其中，打不到车的人数将大幅减少。

再次，填饱肚子更加容易。送餐服务在两年前似乎在中国仍然以电话为主，后来流行起网络订餐。而现在，打开手机 App，就可以直接选择自己爱吃的饭菜，直接下单购买。对于参展商、观众都绝对是一个利好的消息。

最后，B2B 活动更加一目了然：ChinaJoy 代表中国最前沿的游戏市场发展行情。每一年展会期间都会有多场专业领域的活动举办。除此以外，许多游戏厂商或平台会依托这个时间召开自家产品、主题的活动。这些活动的举办地较为分散，难免会在时间上有所冲突。作为一个游戏人，如何安排好时间和行程也成为一个比较头疼的工作。

在 2014 年的 ChinaJoy 期间，有不少媒体通过微信公众号、手机 App 发送各类的跑会攻略，让不少用户受益。而在 2015 年，这些内容变得更加完善与丰富。

从线下到线上，再到两者的结合，ChinaJoy 经历了 13 年衍变，但初衷从未更改，ChinaJoy 将提供给年轻人一个欢乐、有趣、便捷的天堂。这也与 2015 年在上海举办的第十三届 ChinaJoy 主题有些不谋而合——"让快乐更简单"！

主要参考资料

［1］(美)迈克尔·波特.竞争优势［M］.陈小悦，译.北京：华夏出版社，1997.

［2］《赛车总动员》遭国产动画山寨 网友：当中国小孩弱智吗［EB/OL］.(2015-6-3)［2015-12-29］.http：//ent.ifeng.com.

［3］《文化部关于扶持我国动漫产业发展的若干意见》解读［EB/OL］.(2008-10-15)［2015-8-23］.http：//zwgk.mcprc.gov.cn/auto255/200810/t20081015_13030.html.

［4］2014 年报解读系列之优秀 TMT 企业合集［EB/OL］.(2015-4-28)［2015-12-28］.http：//moer.jiemian.com.

［5］2014 年中国网页游戏市场形势分析［EB/OL］.(2015-4-29)［2015-12-30］.http：//help.3g.163.com/15/0429/19/AOD3R52500964KEF.html.

［6］360 平台 App 分行业报告：游戏类 App 盗版泛滥成灾［EB/OL］.(2014-8-3)［2015-12-17］.http：//m.chinanews.com.

［7］Charles Choi. 电脑游戏有助对抗中老年抑郁［EB/OL］.(2014-8-8)

［2015-10-25］.http：//www.guokr.com.

　　［8］Lolima. 未来，游戏将如何入侵现实［EB/OL］.(2012-12-23)
［2015-8-19］.http：//www.guokr.com.

　　［9］奥飞动漫：玩具商的文化路径［EB/OL］.(2013-9-4)［2015-12-
22］.http：//business.sohu.com .

　　［10］白雪，周鸿祎：互联网思维是常识的回归［N］.中国青年报，
2014-10-8.

　　［11］半月要闻［J］.出版参考，2014(4).

　　［12］北京 12000 辆公交开免费 Wi-Fi 最高速度 50M［EB/OL］.
(2014-12-2)［2015-12-8］.http：//tech.caijing.com.cn/20141202/3764178.
shtml .

　　［13］陈恒.发展轨迹缘何如此"完美"［N］.光明日报，2013-5-17.

　　［14］陈杰.龙头企业是文创产业发展核心竞争力［N］.北京商报，
2013-5-24.

　　［15］陈莉婷，刘俊.视频游戏作品著作权问题研究［J］.法制与社会，
2009(2).

　　［16］程丽仙.数字动漫：可能是新的动漫生态［EB/OL］.(2014-11-
26)［2015-10-22］.http：//www.qstheory.cn/.

　　［17］池宇峰总结中国网游海外发展四阶段战略［EB/OL］.(2011-7-
27)［2015-10-28］.http：//games.sina.com.cn.

　　［18］崔西.阿里 TV 操作系统发布盒子产品 9 月出售［EB/OL］.
(2013-7-23)［2015-10-22］.http：//news.xinhuanet.com/info/2013-07/23/
c_132566685.htm.

　　［19］丁杨.完美世界：中国元素"造梦师"［N］.中国文化报，
2013-5-31.

　　［20］窦滢滢.打造明星 IP 腾讯深挖"泛娱乐"［EB/OL］.(2015-4-3)
［2015-11-27］.http：//news.hexun.com.

［21］方璐.猫眼单月 22 亿元交易额引质疑 票房透明化呼吁再度沸腾［N］.21 世纪经济报道,2015-8-25.

［22］飞鸟凉.80 后主创们的"青春大冒险"——《十万个冷笑话》电影养成记［EB/OL］.(2014-12-29)［2015-12-25］.http：//www.mtime.com.

［23］分析：网络游戏是国内网站盈利支撑点［EB/OL］.(2004-4-23)［2015-11-21］.http：//news.17173.com.

［24］郭小为.游戏修复破碎的现实［EB/OL］.(2013-12-1)［2015-11-18］.http：//www.neweekly.com.cn.

［25］郭小为.游戏修复破碎的现实［EB/OL］.(2013-12-1)［2015-12-15］.http：//www.neweekly.com.cn.

［26］国产动漫 3.0 时代,精品化和品牌化才能出头天［EB/OL］.(2013-10-16)［2015-8-20］.http：//chuansong.me/n/201912.

［27］胡峰,王晓萍,王红丽.基于 ACGMN 互动的动漫产业链的共生演化机制研究［J］.电影艺术,2014(6).

［28］即将改变世界的 10 大科技创新［J］.环球科学杂志,2011(1).

［29］纪佳鹏.腾讯手游受益社交激增 Q1 总收入逼近 30 亿［J］.21 世纪经济报道,2014(5).

［30］姜奇平."互联网＋"与中国的数字化转型［EB/OL］.(2014-7-31)［2015-10-28］.www.cnii.com.cn.

［31］解方,张朝武.虚拟现实技术及其应用［J］.电子世界,2013(8).

［32］金元浦,庄鹏涛.大动漫,寻找更广阔的天地［J］.艺术百家,2012(3).

［33］凯文·韦巴赫.游戏化思维：改变未来商业的新力量［M］.杭州：浙江人民出版社,2014.

［34］可穿戴设备打破现实和虚拟边界"HiFuture!"开启端游 3.0 模式［EB/OL］.(2014-9-9)［2015-10-22］.http：//economy.gmw.cn.

［35］枯川．马化腾三提知识产权［EB/OL］．(2015-3-12)［2015-11-22］.http：//news.comicyu.com.

［36］李威．暴力电子游戏对大学生攻击性影响［D］．郑州：河南大学，2012.

［37］李文明，吕福玉．"粉丝经济"的发展趋势与应对策略［J］．福建师范大学学报(哲学社会科学版)，2014(6).

［38］李优，熊花．产业链视角下对中国动漫市场营销的思考——以《魁拔》《秦时明月》《阿狸》为例［J］．新闻研究导刊，2014(14).

［39］梁明洪．数字娱乐产业品牌战略研究［D］．杭州：浙江大学，2007.

［40］林靖东．谷歌拟发布 Google Play Games 平台服务［EB/OL］．(2013-5-13)［2015-8-24］.http：//tech.qq.com/a/20130513/000005.htm.

［41］林汐璐．"粉丝电影"受众行为研究［D］．成都：成都理工大学，2014.

［42］刘佳．腾讯副总裁程武："泛娱乐"时代的五个趋势［EB/OL］．(2015-3-30)［2015-10-29］.http：//www.yicai.com.

［43］刘建华．动漫产业困局［J］．小康(财智)，2014(7).

［44］刘莉莉，肖琳亚．"互联网＋"国产动漫＝动漫强国？［N］．天津日报，2015-7-1.

［45］刘迎蒸．电脑游戏造型对产品形态的影响及应用研究［D］.长沙：湖南大学，2004.

［46］马里奥．任天堂，参透游戏的真谛［J］．黄金时代，2009(10).

［47］马塑，杜振东．我国当下动画新思潮中独立动画发展的初探［J］.电子制作，2013(4).

［48］毛颖梅．游戏治疗的内涵及其对智力障碍儿童心理发展的意义［J］.中国特殊教育，2006(10).

［49］梅玉龙．应急演练计算机三维模拟系统研究［J］.中国安全生产

科学技术，2012(4).

［50］木易.那些年我们的游戏主机［J］.科学24小时，2014(2).

［51］潘启雯."互联网+"催生了重建诚信的倒逼机制——读马化腾等《互联网+：国家战略行动路线图》［J］.运输经理世界，2015(13).

［52］期待全人类都能意识到教育是基本人权［EB/OL］.(2015-4-30)［2015-12-14］.http：//learning.sohu.com.

［53］秦璋颖.宫崎骏动画电影中的生态意识［D］.重庆：重庆师范大学，2010(3).

［54］秋源俊二.网络游戏产业暴利揭秘：毛利率最高可达75%［EB/OL］.(2015-7-22)［2015-10-22］.http：//j.news.163.com.

［55］全面放开二胎政策点评：低龄消费市场迎黄金机遇期，盘点传媒行业受益标的［EB/OL］.(2015-10-30)［2015-11-25］.http：//finance.qq.com/a/20151030/050117.htm.

［56］饶思锐.发挥政策洼地效应打造游戏产业高地［N］.海南日报，2014-12-19.

［57］三文娱.腾讯动漫IP阴影下，阿里和百度如何应对［EB/OL］.(2015-3-31)［2015-11-25］.http：//www.huxiu.com.

［58］孙冰."互联网+娱乐"，传统文娱业大跨界［J］.中国经济周刊，2015(4).

［59］覃敏.中国移动手机动漫基地推2014年新战略［EB/OL］.(2013-12-17)［2015-12-19］.http：//companies.caixin.com/2013-12-17/100618677.html.

［60］谭雪芳.不是产业链，而是价值网络——理解新媒体语境下动漫产业的新价值观［J］.福建论坛(人文社会科学版)，2014(6).

［61］腾讯程武："泛娱乐"背后的"连接"逻辑［EB/OL］.(2014-7-30)［2015-12-30］.http：//game.donews.com.

［62］铁生.高额奖金创纪录 中国的大电子竞技时代正在开启［J］.计

算机与网络，2014(8)．

［63］完美世界发布海外进出口平台 PWIE［EB/OL］.(2012-4-20)
［2015-12-8］.http：//tech.163.com.

［64］王磊.“互联网 +”助力芜湖站到下一个风口［N］.芜湖日报，
2015-7-6.

［65］王晓帆.游戏照进现实是危险来临还是走向成功？［EB/OL］.
(2014-12-18)［2015-10-18］.http：//game.zol.com.cn.

［66］王旸.平台战争［J］.中国服饰，2014(2).

［67］王钰殷，辛晓彤，杨威.内容生产多元见成效，新媒体助力铸就
品牌—— 2014 年度中国动漫产业发展报告［R/OL］.(2015-3-13)［2015-
8-12］.http：//media.people.com.cn/n/2015/0313/c394672-26688504.html

［68］魏洁.眺望中国动漫产业发展前景［J］.现代经济信息，2012(3).

［69］魏然.产业链的理论渊源与研究现状综述［J］.技术经济与管理
研究，2010(6).

［70］吴军.2010 年网络游戏的“次世代”已经到来［EB/
OL］.(2010-1-20)［2015-10-13］.http：//game.people.com.cn/
GB/48604/163384/10806358.html.

［71］吴勇毅.网游暴利时代终结［J］.南方周末，2010(5).

［72］肖旭.IPO 的盛宴：乐逗游戏拿什么打动了华尔街［EB/OL］.
(2014-8-8)［2015-10-28］.http：//www.pingwest.com.

［73］谢小力，谢华萍.动漫形象传播的力量［N］.中国文化报，
2014-8-13.

［74］谢小力.向 3.0 版本升级了，原创动漫怎么办［N］.中国文化报，
2013-10-30.

［75］邢华.文化创意产业价值链整合及其发展路径探析［J］.经济管
理，2009(1).

［76］虚拟交易获暴利 地下钱庄洗钱数亿［EB/OL］.(2005-9-14)

［2015-12-8］.http：//gameonline.yesky.com.

［77］徐川.开源之火烧向手机游戏［EB/OL］.(2013-12-2)［2015-
10-22］.http：//mobile.51cto.com/comment-420131.htm.

［78］徐乃真.跨界营销在品牌传播中的运用［J］.营销策略，2013(7).

［79］许茜."社群+"：制造为认同感买单的消费［N］.科技日报，
2015-7-10.

［80］闫书强.所有的精彩都在这里集结——FC模拟器篇［J］.大众
硬件，2005(10).

［81］严侃.网络游戏"虚拟世界"产业链［EB/OL］.(2004-2-22)
［2015-10-28］.http：//www.p5w.net.

［82］杨波.手机网游营销策略研究［D］.北京：北京邮电大学，
2013.

［83］杨海燕."泛娱乐"是产业链的重要环节［J］.计算机与网络，
2015(9).

［84］杨忠雄.今年网游ARPU值将降低 付费率提升［EB/OL］.
(2010-4-7)［2015-10-18］.http：//tech.qq.com.

［85］佚名.第七大道曹凯的资本教训［EB/OL］.(2013-11-29)［2015-
11-28］.http：//chuansong.me.

［86］佚名.游族林奇："泛娱乐"融合将催生游戏新生态［EB/OL］.
(2015-5-21)［2015-10-22］.www.donews.com.

［87］游戏，人性的集合器［EB/OL］.(2013-12-6)［2015-10-22］
.http：//www.xinli001.com.

［88］游戏化思维如何改变营销？［EB/OL].(2014-7-31)［2015-8-15］.
http：//bschool.hexun.com/.

［89］游戏全面"侵"生活［N］.中国日报，2015-6-12.

［90］游戏如何影响人类的未来生活？［EB/OL］.(2014-3-14)［2015-
11-17］.http：//www.9k9k.com.

［91］游戏早已融入生活 世人每周花 32 亿小时玩游戏［N］.新周刊，2013-12-1.

［92］余晖，朱彤.互联网企业的梯度竞争优势——联众网络游戏成功的理论解释［J］.管理世界，2003(6).

［93］余玲艳.阿 U 动漫："互联网+"的新玩法［EB/OL］.(2015-2-9)［2015-10-15］.http：//www.wshang.com.

［94］约翰·帕夫卢斯.未来某一天，我们游戏人生［J］.人物画报，2010(4).

［95］张爱卿.20 世纪动机心理研究的历史探索［J］.华中师范大学学报(人文社会科学版)，1999(3).

［96］张伟."泛娱乐"时代 网络文学"春风得意"［EB/OL］.(2015-1-26)［2015-12-23］.http：//www.chinahightech.com.

［97］张文倩.2014 年互联网语境下的动漫产业新趋势［J］.中国电视(动画)，2014(60).

［98］张玥.基于产业链结构的中国网络游戏产业发展研究［J］.中原工学院学报，2012(5).

［99］中国动漫游戏产业年度报告课题组.2013—2014 年中国动漫游戏产业年度报告［J］.出版发行研究，2015(3).

［100］中国音数协游戏工委(GPC).2014 年中国游戏产业报告［R］.

［101］周革利.文化产业价值链视角下的建筑策划［J］.建筑与文化，2011(10).

［102］周志军."泛娱乐"：以最生动方式与他人分享［N］.中国文化报，2015-4-3.

［103］周志军.文化部发布《2013 中国网络游戏市场年度报告》［EB/OL］.(2014-4-9)［2015-10-25］.http：//www.ce.cn.

［104］专访品友互动郑军 移动端广告投放市场游戏占四成［EB/OL］.(2015-5-6)［2015-10-12］.http：//www.dogame.com.cn.

后　记

　　2015 年，我国游戏产业收入达到 1407 亿元，超过美国，成为全球第一大市场。其中电子竞技份额占到 270 亿元，中国玩家人数已超过 1 亿。2015 年，我国动漫产业再次突破千亿大关，出现了一批高质量的动漫影视产品。动漫游戏产业在国家的重视与扶持下，在技术进步与产业升级的推动下，在居民文化消费的急剧增长下蓬勃发展，并进入了新的黄金发展期。与此同时，随着技术的进步、硬件的提升，CPU 处理速度不断加快，内存性能日益提高，网络带宽日益增加，视频设备高清化，虚拟现实技术和云计算技术的应用，使得动漫游戏跳脱出平面的现实，走向 2.5 次元，动漫游戏逐渐和我们的生活息息相关，联系日趋紧密。

　　可以说，"互联网 +"正成为中国动漫游戏产业换挡升级的核心助力，推动动漫游戏产业开始向全年龄化发展，并日益与网络文学、影视剧、衍生产品等紧密联系在一起。手机动漫和手机游戏持续爆发，网络版权运营平台逐步通过探索产业链上下游联动，推动动漫游戏产业的全面升级。在这样的大背景下，动漫游戏消费者从儿童升级为全民大众，动漫游戏的内容也从童话转向为现实生活，动漫游戏产业的盈利也从产品升格为产业拓展。动漫游戏的传输可以实现手机、便携式设备、电脑以及显示设备间的交互，实现随时随地、无处不在的文化传播和文化交流。

基于此，本书认为有必要对动漫游戏发展的历史变迁进行梳理。在互联网出现之前，游戏和漫画就已经出现了，而互联网的出现，"互联网+"的融合发展，让动漫的发展在内容、制作、平台等各个方面都发生了巨大的变化。因此，梳理游戏和动漫从 1.0—4.0 的历史变迁能够帮助我们更加深刻地理解互联网对于游戏和动漫产业的影响。另外，当互联网思维进入了大互联时代的思维，我们有必要对互联网思维进行重新解读，而和互联网思维一同改变世界的，还有游戏思维。互联网思维和游戏思维在某种程度上存在共性：他们让每一个个体的参与性更强，社交化程度也更高，合作意识也更主动，从而形成了一个充满活力的孵化器。

在这两种思维的强大影响和融合下，动漫游戏产业链发生了更加立体的变化，并产生了诸如"平台化"趋向等很多新的物种。面对日新月异的动漫游戏业，企业先行者为我们提供了不断升级的实践探索样板，从中我们或多或少可以窥探到动漫游戏业的种种未来趋势，普通民众也能越来越多地感受他们渗透在生活的各个角落。本书力求在对上述问题进行探讨之后，对动漫游戏从业者，包括动漫企业、游戏企业、平台企业、行业协会、创作者、动漫游戏展会、动漫游戏业研究者等提出我们极为务实的理论和实践的建议。

本书自构思以来，就对动漫游戏产业中已经开始尝试跨界融合、重塑产业链、打造生态圈的企业进行调查和研究，并通过对全国各地业内知名人士、专家的访谈以及对各类研究报告和行业数据的收集分析，经过与同仁的多次的讨论和反复修改，几易其稿，最终成文。在此要感谢由中国传媒大学文化发展研究院的硕士生郭丛笑、尚倩和谢菲组成的写作组，她们为本书的成稿做出了巨大努力。谢菲同学负责完成第二章，并协助了后期的统稿修订工作；尚倩同学负责完成第四章、第五章、第六章和第九章；郭丛笑同学负责完成了第七章、第八章和第三章。

虽然本书对"互联网+"时代下的动漫游戏产业进行了初步的探讨和

梳理，并试图探究未来动漫游戏业的发展趋势，但研究中难免存在种种不足，写作组将在后续研究和持续调研中予以弥补，从而更好地为文化产业未来发展求解。

陈娴颖

2016 年 7 月